职业教育城市轨道交通专业"互联网+"创新教材

城市
轨道交通概论

U0367439

汪武芽　编著

机械工业出版社

本书内容包括城市轨道交通系统制式与行业发展、城市轨道交通线路与轨道结构、城市轨道交通车站与车站设备、城市轨道交通车辆与车辆基地、城市轨道交通供电系统、城市轨道交通信号与通信系统、城市轨道交通运营管理七个项目。

本书彩色印刷，同时运用了"互联网+"技术，在书中相关知识或图片附近设置了二维码，通过手机即可查看相关多媒体视频资源，使教学更加方便。

本书可作为城市轨道交通专业教学用书，也可作为城市轨道交通相关企业培训资料。

为方便教学，本书配有电子课件，凡选用本书作为授课教材的教师均可登录 www.cmpedu.com 以教师身份注册后免费下载，或咨询相关编辑，编辑电话：010-88379201。

图书在版编目（CIP）数据

城市轨道交通概论 / 汪武芽编著. —北京：机械工业出版社，2020. 2
（2025.6重印）
职业教育城市轨道交通专业"互联网+"创新教材
ISBN 978-7-111-64396-8

Ⅰ.①城… Ⅱ.①汪… Ⅲ.①城市铁路—轨道交通—概论—职业教育—教材 Ⅳ.①U239.5

中国版本图书馆CIP数据核字（2019）第276358号

机械工业出版社（北京市百万庄大街22号　邮政编码100037）
策划编辑：师　哲　责任编辑：师　哲
责任校对：李云霞　封面设计：张　静
责任印制：张　博
北京建宏印刷有限公司印刷
2025年6月第1版第6次印刷
184mm×260mm·10.25印张·256千字
标准书号：ISBN 978-7-111-64396-8
定价：42.80元

电话服务　　　　　　　　　　网络服务
客服电话：010-88361066　　　机　工　官　网：www.cmpbook.com
　　　　　010-88379833　　　机　工　官　博：weibo.com/cmp1952
　　　　　010-68326294　　　金　书　网：www.golden-book.com
封底无防伪标均为盗版　机工教育服务网：www.cmpedu.com

前　言

PREFACE

随着我国城市化进程的不断加快，城市规模日益扩大，人口不断增加，城市交通需求迅速扩大，并由此带来城市道路拥堵、环境污染等一系列问题。如何满足日益增长的城市交通需求和优化城市空间结构是我国各大城市重点关注的问题。这为城市轨道交通的发展提供了良机。

城市轨道交通具有运量大、正点率高、清洁环保、安全性高及占地少等优点，对提升城市公共交通供给质量和效率、缓解城市交通拥堵、引导优化城市空间结构、调整城市布局和土地利用形态、改善城市环境、减少环境污染和能源消耗起到了重要作用。近年来，城市轨道交通在我国得到快速发展。据统计，截至 2018 年年底，我国大陆地区（不含港澳台）共有 35 个城市的轨道交通系统开通运营，运营线路 185 条，运营线路总长度为 5761.4km，63 个城市的轨道交通线网规划获批，建设规划线路总长度为 7611km。据估计，2020 年规划线路总长度将超过 10000km，并将由主要集中在一线、省会等城市转变为向二线、三线城市扩展。城市轨道交通行业的迅速发展，将带动对城市轨道交通相关专业人才的需求。为满足行业人才的需求，很多职业院校开设了城市轨道交通类专业，以培养具有较高职业素养和较强实践技能的专业人才。

本书是城市轨道交通类专业基础教材，属于"入门级"教材，主要围绕城市轨道交通系统构成展开，内容包括城市轨道交通系统制式与行业发展、城市轨道交通线路与轨道结构、城市轨道交通车站与车站设备、城市轨道交通车辆与车辆基地、城市轨道交通供电系统、城市轨道交通信号与通信系统、城市轨道交通运营管理等。通过对本书的学习，学生能熟悉城市轨道交通系统的构成及各子系统的功能，在头脑中构建城市轨道交通大系统的概念，为后续专业课程的学习奠定坚实的基础。

本书遵循职业教育、技术技能人才成长和学生身心发展规律，教学内容由浅入深、循序渐进，强调基础概念的认知与理解，突出专业基础知识的掌握。相关知识点严格按照国家标准和技术规范，注重理论联系实际，以项目教学的形式组织编排。

本书由江西交通职业技术学院汪武芽编著。在本书撰写过程中，参考引用了城市轨道交通领域专家、学者的著作和成果，还有部分图片及资料来自网络，无法确定作者，在此一并致谢。

本书由北京恒诺尚辰科技有限公司制作了相关视频，在此一并表示感谢。

由于水平有限，书中疏漏之处在所难免，敬请广大读者批评指正。

二维码索引

序　号	二　维　码	名　　称	页　码
1		限界	34
2		道床	46
3		道岔	48
4		车站分类	54
5		安全门控制系统概述	70
6		AFC 系统简介	70

（续）

目 录

CONTENTS

项目一

城市轨道交通系统制式与行业发展

📋 **项目导入**

　　随着我国城市化进程的稳步推进，城市轨道交通在公共交通系统中的地位与作用越来越重要，逐步成为城市公共交通的骨干。发展高层次、多样化、大运量的城市轨道交通系统是促进城市交通与经济社会、环境协调发展的有效方法。城市轨道交通概念及系统制式是什么？各系统制式有什么特点？国内城市轨道交通行业发展情况怎样？本项目将解决这些问题。

任务一　城市轨道交通系统制式及构成的认知

🎯 **任务目标**

　　1. 熟悉城市轨道交通的概念，描述不同类型城市轨道交通的特征并能有效区分。
　　2. 掌握城市轨道交通系统制式及特点。

📖 **知识课堂**

一、城市轨道交通概述

1. 城市轨道交通的概念

　　城市轨道交通的概念并无统一标准，其表述也在不断变化。《城市公共交通分类标准》（CJJ/T 114—2007）将城市轨道交通定义为：采用轨道结构进行承重和导向的车辆运输系统，依据城市交通总体规划的要求，设置全封闭或部分封闭的专用轨道线路，以列车或单车形式，运送相当规模客流量的城市公共交通方式。

　　《城市轨道交通技术规范》（GB 50490—2009）和《城市轨道交通运营管理规范》（GB/T

30012—2013）都将城市轨道交通定义为：采用专用轨道导向运行的城市公共客运交通系统，包括地铁系统、轻轨系统、单轨系统、有轨电车、磁浮系统、自动导向轨道系统和市域快速轨道系统。从实际应用来看，目前这一表述被普遍采用。

2. 发展城市轨道交通的必要性

随着我国城市化进程的不断加快，城市规模日益扩大，人口不断增加，机动车数量迅猛增加，城市交通需求迅速扩大，由此带来城市道路拥堵、环境污染等一系列问题，如何满足日益增长的城市交通需求和优化城市空间结构是我国各大城市重点关注的问题。城市轨道交通具有运量大、正点率高、清洁环保、安全性高及占地少等优点，对提升城市公共交通供给质量和效率、缓解城市交通拥堵、引导优化城市空间结构、调整城市布局和土地利用形态、改善城市环境、减少环境污染和能源消耗起到了重要作用。

3. 城市轨道交通的特点

与传统的城市地面常规交通方式相比，城市轨道交通具有自身特点，具体表现在以下几个方面：

（1）运输能力较大　城市轨道交通高密度运行，行车间隔时间短，采用车辆编组型式，运输能力较强。公共汽车、轻轨、地铁的载客量对比见表 1-1。

表 1-1　公共汽车、轻轨、地铁的载客量对比

类　　别	载客量（人 / 辆或人 / 节）	编　　组	每小时单向输送能力（人 /h）
公共汽车	40~80	1	2000~5000
轻轨	60~150	2~6	5000~40000
地铁	150~200	4~10	30000~70000

（2）速度较快，正点率高　城市轨道交通大多行驶在专用轨道上，路权专用，不受其他交通方式和气候等的干扰，列车速度较快且能按运行图运行，具有可信赖的准时性和速达性。

（3）安全舒适　线路采用封闭的方式，不受干扰，轨道交通工具的事故率远低于道路交通工具。车辆和车站均有空调通风等环境控制系统（简称环控系统），乘客舒适度较高。

（4）清洁环保　城市轨道交通均采用电力牵引，是清洁、绿色的交通方式。

（5）占地少、不破坏地面景观　城市轨道交通充分利用了地下和地上空间，不占用地面空间，能有效缓解城市道路拥挤、堵塞现象。据统计，按每小时输送 5 万人计算所需道路的宽度：小汽车需要 180m，公共汽车需要 9m，而城市轨道交通综合占地仅为道路交通方式的 1/3 左右。

4. 城市轨道交通的分类

（1）按路权及列车运行控制方式划分　按路权及列车运行控制方式，城市轨道交通可分为按信号指挥运行的路权专用方式、按可视距离运行的路权专用方式和按可视距离运行的路权混用方式等类型。

1）按信号指挥运行的路权专用方式。该类型系统的特点是线路专用，与其他城市交通线路没有平面交叉。由于路权专用及按信号指挥运行，行车速度高且行车安全性好。

2）按可视距离运行的路权专用方式。该类型系统的特点是线路专用，与其他城市交通线路没有平面交叉，行车安全性较好。但由于按可视距离间隔运行，行车速度较低。

3）按可视距离运行的路权混用方式。该类型系统的特点是线路与其他运输车辆和行人

共用，与其他城市交通线路有平面交叉，行车速度低且安全性较差。

（2）按轮轨材料划分　按轮轨材料，城市轨道交通可分为钢轮钢轨和胶轮钢筋混凝土轨两大类型，地铁、轻轨等属于前者，单轨、自动导向系统属于后者。

（3）按系统运能划分　系统运能也称为系统容量，即线路一定时间内单向输送能力，通常指单向每小时的交通断面上乘客通过量。按照不同的系统容量大小，城市轨道交通可分为大、中、小运量三种系统，见表1-2。

表1-2　按系统容量划分的城市轨道交通类型

分　类	大	中	小
系统容量（万人/h）	3~7	1~3	小于1
城市轨道交通形式	地铁系统、市域快速轨道系统	轻轨系统、单轨系统、磁浮系统、自动导向轨道系统	有轨电车

（4）按轨道结构划分　按轨道结构，城市轨道交通可分为双轨系统和单轨系统，按钢轨强度可分为重轨和轻轨等。

（5）按系统制式划分　按系统制式，城市轨道交通可分为地铁系统、轻轨系统、有轨电车、单轨系统、磁浮系统、自动导向轨道系统和市域快速轨道系统。

二、城市轨道交通系统制式

依据《城市公共交通分类标准》（CJJ/T 114—2007），城市轨道交通主要有地铁系统、轻轨系统、有轨电车、单轨系统、磁浮系统、自动导向轨道系统和市域快速轨道系统七种制式。城市轨道交通的不同制式具有各自特点和适用性，制式的选择应与功能定位和环境相适应。

1. 地铁系统

（1）概述　地铁（Metro、Underground Railway、Subway）系统是指在城市中修建的快速、大运量、用电力牵引、采用钢轮钢轨系统的轨道交通系统。列车在全封闭的线路上运行，位于中心城区的线路基本设在地下隧道内（图1-1），中心城区以外的线路一般设在高架桥或地面上。

图1-1　北京地铁

（2）主要技术参数　地铁车辆的基本类型为A型车、B型车和LB型车（直线电机）三种，每种车型车辆宽度、长度、轴重等都不一样，列车编组通常由4~8辆组成，长度一般为70~190m，最高行车速度不应小于80km/h。地铁系统的主要技术参数见表1-3。

（3）特点

1）运量大。轴重较重，单方向高峰每小时客运量在3万~7万人次的大容量轨道交通系统。

2）速度快、正点率高、安全舒适。列车采用自动化控制，最高速度可达80km/h。路权专用，且线路基本为地下线，不受天气、时间和其他交通工具的干扰，能保证安全准点到达，车站乘车环境舒适。

表 1-3 地铁系统的主要技术参数

项　　目		主要技术参数		
车辆	车型	A 型	B 型	LB 型
	车辆基本宽度 /mm	3000	2800	2800
	车辆基本长度 /m	22.0	19.0	16.8
	车辆最大轴重 /t	≤ 16	≤ 14	≤ 13
	列车编组	4~8		
	列车长度 /m	100~190	80~160	70~140
线路	类型、型式	地下、高架及地面，全封闭型		
	线路半径 /m	≥ 300	≥ 250	≥ 100
	线路坡度（‰）	≤ 35	≤ 35	≤ 60
客运能力（万人次 /h）		4.5~7.0	2.5~5.0	2.5~4.0
供电电压及方式		DC1500V、接触网供电	DC1500V/750V、接触网或第三轨	DC1500V/750V、接触网或第三轨
平均运行速度 /（km/h）		≥ 35		

3）节约土地资源。线路以地下线为主，充分利用城市地下空间，节约地面土地资源，促进了土地资源的综合利用。

4）建造成本高。综合来看，目前每公里地铁造价为 5 亿 ~10 亿元，投资巨大。

5）建设周期长，公益性特征明显，见效慢。从规划申报到投入运营，所需时间长，票价具有公益性，成本回收慢。

6）乘客疏散较困难。地下密闭空间，一旦发生火灾或其他自然灾害，乘客疏散较困难，容易造成人员伤亡。

（4）适用性　地铁具有运量大、速度快、正点率高、安全舒适等特点，适用于客流密集、大中城市中心区域的骨干线路。自北京地铁 1 号线开通以来，地铁已成为各城市首要发展的轨道交通系统制式，也是最主要的系统制式。截至 2019 年 6 月底，国内（不含港澳台，下同）已有 33 个城市的地铁系统开通运营。从分布情况来看，江苏、广东、浙江等东南沿海经济发达地区较密集，中西部地区相对较稀疏。

2. 轻轨系统

（1）概述　轻轨系统是一种中运量的轨道交通系统，采用钢轮钢轨体系，主要在城市地面或高架桥上运行，线路采用地面专用轨道或高架轨道，遇繁华街区，也可进入地下或与地铁接轨，如图 1-2 所示。

图 1-2　长春轻轨

（2）主要技术参数　轻轨车辆基本类型为 C 型车辆，车辆基本宽度为 2600mm。列车编组通常由 1~3 辆组成，列车长度一般不超过 90m，最高行车速度不应小于 60km/h。轻轨系统的主要技术参数见表 1-4。

表 1-4　轻轨系统的主要技术参数

项　目		主要技术参数		
车辆	车型	C 型		
		C- I 型	C- II 型	C- III 型
	车辆基本宽度 /mm	2600	2600	2600
	车辆基本长度 /m	18.9	22.3	30.4
	车辆最大轴重 /t	11	11	11
	列车编组	1~3		
	列车长度 /m	20~60	25~70	35~90
线路	类型、型式	高架、地面或地下，封闭或专用车道		
	线路半径 /m	≥ 50		
	线路坡度（‰）	≤ 60		
客运能力（万人次 /h）		1~3		
供电电压及方式		DC1500V/750V、架空接触网或第三轨		
平均运行速度 /（km/h）		25~35		

（3）特点

1）中运量。轴重较地铁轻，单方向高峰每小时客运量在 1 万 ~3 万人次的中等容量轨道交通系统。

2）线路以高架、地面线为主，速度较快、正点率高。路权专用，列车采用自动化控制，能保证安全准点到达。

3）建造成本低于地铁，施工难度小，工期较短。轻轨一般只需地铁 1/3 的建设和运营成本，适合中等规模城市，且施工难度小、易于施工。

（4）适用性　轻轨既免除了地铁的昂贵投资，又具有中运量、速度快、准时等特点，从我国国情来看，选择轻轨作为中等城市公共交通的主要发展目标是极为适当和势在必行的。截至 2018 年年底，国内仅有天津、武汉、大连、长春 4 个城市的轻轨系统开通运营。虽然国内轻轨发展不快，但前景广阔。

3. 有轨电车

（1）概述　有轨电车是由电力牵引、轮轨导向、单车或两辆铰接或多辆铰接运行在城市道路路面上，车辆与其他地面交通混合运行的低运量的城市轨道交通系统，如图 1-3 所示。

图 1-3　大连低地板有轨电车

（2）主要技术参数   现代有轨电车基本类型为低地板车辆，地板面高度小于或等于350mm，由若干车辆模块组成的电动车辆。车辆以单车运行为主，也可连挂运行，最高行车速度为70km/h。有轨电车的主要技术参数见表1-5。

表 1-5   有轨电车的主要技术参数

项　　　目		主要技术参数	
车辆	车型	70% 低地板车辆	100% 低地板车辆
	车辆基本宽度 /mm	2650 或 2400	2650 或 2400
	车辆基本长度 /m	约 28	约 30
	车辆最大轴重 /t	≤ 11	≤ 11
	列车编组	1~2	
线路	类型、型式	高架、地面，与其他交通混行	
	线路半径 /m	≥ 25	
	线路坡度（‰）	≤ 60	
客运能力（万人次 /h）		≤ 1	
供电电压及方式		DC750V、接触网或第三轨	
平均运行速度 /（km/h）		20	

（3）特点

1）小运量。单方向高峰每小时客运量在 1 万人次以下的低容量轨道交通系统。

2）速度慢、通行能力低。由于路权混用，易与地面交通工具发生冲突而引起交通堵塞，隔离程度和安全性较差。

3）造价低、建设难度小。线路大多为地面线，建设容易。

4）上下车方便，为居民出行的便捷交通工具。

（4）适用性   有轨电车不享有专用路权，适用于低运量、中小城市的线路。1899 年国内第一条有轨电车在北京建成通车，随后上海、沈阳、哈尔滨、长春、大连、鞍山等城市相继修建了有轨电车，在当时城市公共交通中发挥了骨干作用。20 世纪 50 年代末，北京、上海等城市纷纷拆除有轨电车，仅剩长春、大连等没有完全拆除。目前，国内很多大中城市除考虑修建地下线路外，又重新把注意力转移到地面轨道交通。截至 2018 年年底，国内有北京、上海、广州、深圳等 14 个城市的现代有轨电车开通运营。

4. 单轨系统

（1）概述   单轨系统是以单一轨道来支承或悬挂车厢并提供导向作用而运行的轨道交通系统，又称为独轨系统。单轨系统是一种车辆与特制轨道梁组合成一体运行的中运量轨道运输系统，轨道梁不仅是车辆的承重结构，同时是车辆运行的导向轨道。单轨系统的类型主要有两种：一种是车辆跨骑在单片梁上运行的方式，称为跨座式单轨系统（图 1-4）；另一种是车辆悬挂在单根梁上运行的方式，称为悬挂式单轨系统（图 1-5）。

（2）主要技术参数   单轨系统的列车，通常为 4~6 辆编组，列车长度一般为 60~85m，列车最高运行速度不应小于 80km/h。单轨系统的主要技术参数见表 1-6。

图1-4　跨座式单轨系统

图1-5　悬挂式单轨系统

表1-6　单轨系统的主要技术参数

项　目		主要技术参数	
车辆	车型	单轨系统	
		跨座式	悬挂式
	车辆基本宽度 /mm	3000	—
	车辆基本长度 /m	15	—
	车辆最大轴重 /t	11	—
	列车编组	4~6	—
线路	类型、型式	封闭	高架
	线路半径 /m	≥ 50	
	线路坡度（‰）	≤ 60	
客运能力（万人次 /h）		1~3	—
供电电压及方式		DC750V/1500V、接触轨	
平均运行速度 /（km/h）		30~35	≥ 20

（3）特点

1）占地面积少、空间利用率高。跨座式单轨轨道梁一般利用城市道路中央隔离带设置结构墩柱，圆柱直径仅为双轨 1/2。

2）能适应复杂地形要求。转弯半径小、爬坡能力强，适合坡陡、弯急、路窄地形。采用橡胶轮胎作为走行轮，振动小、乘客舒适度高。

3）牵引能耗大，橡胶轮胎易损耗。与钢轮相比，橡胶轮胎前行阻力更大，易损耗。

4）道岔结构复杂。单轨道岔系统由可移动的钢制轨道梁、机电控制系统、梁上供电及信号设施等集成，比双轨系统更复杂、操作更费时。

（4）适用性　单轨历史悠久，早在1821年英国就开发了单轨铁路，法国、德国、美国、日本、意大利等许多国家的单轨相继建成通车。从全世界范围来看，尽管单轨经历了近 200 年的发展历程，但并没有得到广泛应用。2005年，重庆轨道交通2号线（跨座式单轨）建成通车，成为国内首个开通单轨运营的城市。发展至今，国内只有重庆拥有单轨系统（重庆轨道交通2、3号线，如图1-6所示），应用范围有限。

5. 磁浮系统

（1）概述　磁浮系统是利用电磁系统产生的排斥力将车辆托起在导轨上，利用电磁力进行导向，用直线电机驱动列车运行的新型城市轨道交通系统。在常温条件下，利用电导磁力悬浮技术使列车上浮，车厢不需要车轮、车轴、齿轮传动机构和架空输电线网，列车运行方式为悬浮状态，现行标准轨距为2800mm，主要在高架桥上运行，特殊地段也可在地面或地下隧道中运行，如图1-7所示。

图1-6　重庆单轨系统　　　　　　　　　图1-7　磁浮系统

（2）主要技术参数　磁浮系统主要有两种基本类型：一种是高速磁浮列车，最高行车速度可达500km/h，列车编组通常由5~10辆组成；另一种是中低速磁浮列车，最高行车速度可达100km/h。列车编组通常由4~10辆组成。磁浮系统的主要技术参数见表1-7。

表1-7　磁浮系统的主要技术参数

项　目		主要技术参数	
	车型	磁浮系统	
		高速磁浮	中低速磁浮
车辆	车辆基本宽度/mm	3700	2600
	车辆基本长度/m	27	12~15
	车辆基本高度/m	4.2	3.2
	列车编组	5~10	4~10
线路	类型、型式	高架、地面，全封闭型	
	线路半径/m	≥ 350	≥ 50
	线路坡度（‰）	≤ 1000	≤ 70
客运能力（万人次/h）		1.5~3.0	
供电电压及方式		DC750V/1500V	DC2500V
平均运行速度/（km/h）		200~300	80

（3）特点

1）噪声低、损耗小、易维护。磁浮列车车体与轨道不接触、无摩擦，时速高，被誉为"零高度飞行器"。

2）高速磁浮列车速度快，但系统结构复杂、造价高、转弯半径大、选线要求高；中低速磁浮列车结构简单、转弯半径小、选线灵活。

3）磁浮列车适用于城市人口超过200万的特大城市，是重大客流集散区域或城市群市际之间较理想的直达客运交通，对客运能力1.5万~3万人次/h的中、远程交通走廊较为适用。

（4）适用性　近些年，磁浮系统在我国发展较快。2002年，上海磁浮列车开通运营，成为全世界唯一一条投入商业运营的高速磁浮线路。2016年5月，国内首条拥有完全自主知识产权的中低速磁浮线路在长沙开通运营。2017年12月，北京地铁S1线开通运营，北京成为国内第3个拥有磁浮系统的城市。

6. 自动导向轨道系统

（1）概述　自动导向轨道系统是一种车辆采用橡胶轮胎在专用轨道上运行的中运量运输系统。列车沿着特制的导向装置行驶，车辆运行和车站管理采用计算机控制，可实现全自动化和无人驾驶。线路形态在繁华市区采用地下隧道，市区边缘或郊外采用高架结构，适用于城市机场专用线或城市中客流相对集中的点对点运营线路。

（2）主要技术参数　自动导向轨道系统车辆比地铁和轻轨小，一般列车编组2~6节，自动导向轨道系统的主要技术参数见表1-8。

表 1-8　自动导向轨道系统的主要技术参数

项　　目		主要技术参数
车辆	车型	胶轮导向车
	车辆基本宽度/mm	2600 或 2500
	车辆基本长度/m	7.6~8.6
	车辆最大轴重/t	9
	列车编组	2~6
线路	类型、型式	架空或地下，全封闭型
	线路半径/m	≥ 30
	线路坡度（‰）	≤ 60
客运能力（万人次/h）		1.5~3.0
供电电压及方式		DC1500V/750V、第三轨供电
平均运行速度/（km/h）		≥ 25

（3）特点

1）轨道采用混凝土道床、车辆采用橡胶轮胎，靠导向轮引导列车运行。

2）列车运行自动控制，可实现无人驾驶，自动化程度高。

（4）适用性　自动导向轨道系统在国外应用较早，美国称为"运人系统"（People Mover System），法国称为 Vehicule Automatique Leger（VAL），日本则统称为新交通系统，国内把自动导向轨道系统称为旅客自动捷运（Automated People Mover，简称APM）系统。2010年11月，广州地铁 APM 线通车试运营（图1-8）。2018年3月，上海地铁 APM 浦江线通车试运营。

7. 市域快速轨道系统

（1）概述 市域快速轨道系统是一种主要服务于城市郊区和周边新城、城镇与中心城区联系，并具有通勤客运服务功能的中、长距离的大运量城市轨道交通系统，简称市域快轨（图1-9）。市域快轨兼具城际、城市轨道交通双重属性，服务范围一般为大城市、特大城市、超大城市中心城区及其周边新城、城镇等与中心城区经济、人口交流紧密的地区，以及与城市联系密切的各城镇地区。

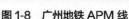

图1-8 广州地铁APM线

图1-9 市域快速轨道系统

（2）主要技术参数 市域快速轨道列车主要在地面或高架桥上运行，必要时也可采用隧道。根据线路、车辆使用范围和条件不同，可采用不同类型的车辆。市域快速轨道系统的主要技术参数见表1-9。

表1-9 市域快速轨道系统的主要技术参数

项　　目		主要技术参数	
		市域快速轨道系统	
	车型	市域快轨 A 型	市域快轨 B 型
车辆	车辆基本宽度 /mm	3000	2800
	车辆基本长度 /m	220	190
	车辆基本高度 /mm	≥ 2100	
	车辆最大轴重 /t	≤ 17	≤ 15
线路	类型、型式	高架、地面，全封闭型	
	线路半径 /m	≥ 350	≥ 300
	线路坡度（‰）	3~30	
供电电压及方式		AC25kV/DC1500V、接触网或第三轨	
平均运行速度 /（km/h）		120~160	120~140

（3）特点

1）大运量。市域快速轨道系统是一种大运量的轨道交通系统，一般不采用高峰小时客运量的概念，最大客运能力可达50万~80万人次/日。

2）适用于城市群城际之间中长距离的客运交通，线路较长，站间距相应较大，必要时可不设中间车站，可选用最高运行速度在 120km/h 以上的快速专用车辆。

3）牵引动力因地制宜，可选用电气化铁路 AC25kV 或城市轨道交通 DC1500V 的供电方式。

（4）适用性　从当前适用情况来看，国内市域快速轨道系统有的属于国家铁路范畴，列车采用铁路动车组；有的属于城市轨道交通，如广佛地铁、上海轨道交通 16 号线。截至 2018 年年底，国内有北京、上海、广州、南京、成都、郑州、兰州等城市的市域快速轨道系统开通运营。

8. 城市轨道交通系统制式的选择

城市轨道交通系统的不同制式具有各自特点和适用性，制式的选择应与功能定位和环境相适应。地铁制式运能大，适用于大运量、大中城市中心区域的骨干线路；有轨电车制式不享有专用路权，适用于低运量、中小城市的线路；胶轮系统爬坡能力强、噪声小，适用于转弯半径小、地形起伏大、环境噪声要求高的线路。从我国城市轨道交通规划发展现状看，由于建设地铁和轻轨审批的门槛较高，而有轨电车审批程序相对简单，近年来有轨电车在全国各城市发展较快。然而，有些城市的有轨电车占用了城市骨干交通走廊，在中心城区道路交叉口较多时很难实现信号优先，其功能定位和运能与公共汽车差异不大，与公交专用道相比反而浪费了道路资源。因此，有轨电车制式在交叉路口较多的中心城区骨干线路上布置要慎重选择。同样，与钢轮钢轨系统相比，胶轮系统（无论是单轨还是 APM 制式）不受钢轮钢轨制式的黏着系数影响，在爬坡能力以及振动噪声控制方面有优势；并且胶轮系统虽然在单位牵引能耗上比钢轮钢轨制式要高，但因该系统振动噪声方面的优势，线路可以采用高架敷设方式，车站动力照明方面的单位能耗相对较低，长期运营成本与钢轮钢轨制式相比不一定处于劣势。总之，城市轨道交通系统制式的选择应与线路功能定位和环境相适应，各种制式都有其适用性。

三、城市轨道交通系统构成

城市轨道交通系统是一个多专业多工种配合工作，围绕安全行车而组成的有序联动、时效性极强的庞大复杂的系统，主要由线路、轨道、车辆、供电、信号、通信、车站、车辆段及环控等系统构成，有极为严格的操作流程。在列车运行方面，实行集中调度、统一指挥、按图行车；在功能实现方面，要求轨道、供电、车辆、通信、信号、车站机电设备及消防等系统均应保证状态良好，运行正常；在安全保障方面，依靠行车组织和设备正常运行来保证必要的行车间隔和正确的行车路径。

1. 线路

线路分为正线、辅助线和车场线。正线行车速度高、密度大，要保证行车安全和乘坐舒适，线路标准要求高；辅助线速度较低、标准要求较低；车场线行车速度低，线路标准只要满足场区作业即可。

2. 轨道

轨道是城市轨道交通系统的重要组成部分，作为一个整体的结构，铺设在路基之上，是列车运行的基础，直接承受列车车辆及其载荷的巨大压力，对列车运行起着导向作用的一组设备。

3. 车辆

车辆是指在城市轨道交通中由电力牵引搭载乘客，在固定导轨上行驶的交通运输工具，是城市轨道交通系统中技术含量最高的重要设备。

4. 供电

电能是城市轨道交通系统必需的能源，一旦供电中断，整个系统将陷入瘫痪状态，安全、可靠的供电系统是城市轨道交通系统正常运营的重要条件和保证。

5. 信号系统

信号系统是城市轨道交通系统中最重要的设备之一，是保证安全实现行车指挥和提高运输效率的关键设备系统。城市轨道交通信号系统以车载信号为主体信号，用计算机系统实现了速度控制、进路选择和进路控制等功能。

6. 通信系统

通信系统直接为运营服务，保证列车快速、高效运行及乘客安全的智能自动化综合业务数字通信网络系统，主要用于指挥列车运行、组织客运的指令发布和进行公务联络，有效地传输运营与安全管理的相关语言、数据和图像等各种信息。

7. 车站

车站是城市轨道交通系统的重要组成部分，不仅是乘客上下车、换乘的场所，而且是列车到发、通过、折返、临时停车的地点，同时还是运营管理人员主要的工作场所。

8. 车辆段

车辆段是车辆的维修保养基地，也是车辆停放、运用、检查、整备和修理的场所。一般情况下一条线路设一个车辆段，也可以多线共用。

9. 环控系统

环控系统是城市轨道交通系统（地铁）重要的组成部分，关系到乘客乘车安全与舒适度，地铁环控系统主要包括通风、空调和供暖等设备。

任务二　国内外城市轨道交通发展概况的认知

任务目标

了解国内外城市轨道交通行业的发展情况。

知识课堂

1863 年 1 月，世界上公认的第一条地铁线路——"伦敦大都会铁路"在英国伦敦建成通车，标志着世界城市轨道交通的诞生。1969 年 10 月，北京地铁 1 号线通车试运行，标志着我国城市轨道交通发展的正式开始。

一、国外城市轨道交通的产生与发展

1. 初步发展阶段（1863—1924）

1860 年英国伦敦开始修建地铁，三年后建成通车，线路长 6.4km，用蒸汽机牵引。1874 年

英国伦敦首次采用盾构法施工，1890年首次采用电力机车牵引。自1863—1924年，英国伦敦和格拉斯哥、美国纽约和波士顿、匈牙利布达佩斯、奥地利维也纳及法国巴黎等城市先后建成地铁。1913年，阿根廷布宜诺斯艾利斯地铁建成通车，成为南美洲最早建立地铁系统的城市。除地铁外，有轨电车也得到了发展。虽然那时的有轨电车运行速度慢、正点率低、噪声大、加速性能低、乘客舒适度差，但在当时仍然是公共交通的骨干。总之，这一阶段欧美国家的城市轨道交通发展较快。

2. 停滞萎缩阶段（1924—1949）

这一阶段国外城市轨道交通发展陷入停滞萎缩状态，有多方面的原因。一是第二次世界大战爆发，战争的干扰使各国无心发展；二是汽车因其灵活、便捷及可达性，一度成为城市交通的宠儿，得到飞速的发展；三是城市轨道交通投资巨大、建设周期长和运营成本高，很多城市财力有限。1926年，澳大利亚悉尼开通了隧道电车，成为澳大利亚首个建立轨道交通的城市。1927年，日本东京开通地铁，成为亚洲最早的地铁。1935年，莫斯科第一条地铁通车运营。此时有轨电车发展停滞不前，部分线路还被拆除。

3. 再发展阶段（1949—1969）

这一阶段世界各国经济开始步入飞速发展时期，汽车工业发展迅速，汽车的过度增加使城市道路异常堵塞，严重时还会导致交通瘫痪。加之不断增大的石油资源消耗带来的空气、噪声污染，人们又开始重新认识到缓解城市客运交通压力必须依靠占地小、污染少、运力大的城市轨道交通。这一阶段许多国家的城市修建了地铁，范围从欧美国家扩展到了亚洲国家。此外，还出现了轻轨、单轨等城市轨道交通系统制式。

4. 稳步发展阶段（1969—至今）

随着各国城市化进程的不断加快，人口高度集中、客流量不断攀升、道路交通压力增大，各国越来越重视城市轨道交通在解决城市交通问题中的作用，并不惜花巨资建设。科学技术的进步也为城市轨道交通奠定了良好的发展基础，成为其发展的有力支持。另外，城市轨道交通本身具有的大运量、高效率、节约城市土地资源等特点也为其高速发展创造了条件。此阶段，城市轨道交通的发展遍及世界范围，从发达国家扩展到发展中国家。1984年，法国南特市第一条现代有轨电车建成通车，英国伯明翰低速磁浮系统投入使用。

二、国内城市轨道交通的产生与发展

1969年10月，北京地铁1号线试运行，成为国内第一条地铁线路。发展至今，国内城市轨道交通（不含港澳台地区，下同）大致分为以下五个阶段：

1. 战备目的为主的起步阶段（1949—1978）

这一阶段城市轨道交通主要从战备的角度，由中央政府主导建设。1953年，北京市委首次提出修建地铁。1965年，北京地铁一期工程正式开工（图1-10）。1969年10月1日，北京地铁一期建成通车试运行。

在起步阶段，除建成北京地铁一期工程外，还有天津地铁一期（表1-10）。

图1-10　北京地铁1号线开工仪式

表 1-10 起步阶段国内城市轨道交通发展情况

序　号	城市轨道交通系统制式	运营里程 /km	运 营 时 间
1	北京地铁一期	23.6	1969
2	天津地铁一期	3.6	1976

2. 曲折发展阶段（1978—2003）

这一阶段从改革开放到 2003 年国务院办公厅《关于加强城市快速轨道交通建设管理的通知》（国办发〔2003〕81 号）。随着改革开放的逐步深入和城市化进程的加快，大城市交通需求剧增，导致道路交通供给能力严重不足，供需矛盾突出，成为制约城市经济社会发展的因素。为适应城市发展需要，缓解道路交通紧张状况，政府加大了城市交通基础设施建设投入力度，强调轨道交通对解决城市交通问题和引导城市发展的作用。1993 年，上海地铁1 号线试运营，成为国内第三个开通地铁运营的城市（图 1-11）。

图 1-11 上海地铁 1 号线开通运营

受当时经济发展水平和国家财力状况影响，中央政府担心全国出现地铁建设一哄而上的局面。1995 年 12 月国务院办公厅发布《关于暂停审批城市地下快速轨道交通项目的通知》（国办发〔1995〕60 号），提出必须严格控制城市快速轨道交通的发展，除北京、广州和上海外，其余城市暂停建设。2002 年 10 月国务院办公会议决定冻结各城市地铁立项，国内城市轨道交通的发展经历了一段曲折的历程。此时期的轨道交通建设基本以单条线路为主，线网概念并不突出，北京、上海、广州、大连、长春等城市轨道交通相继建成通车（表 1-11）。

表 1-11 曲折发展阶段国内城市轨道交通发展情况

序　号	城市轨道交通系统制式	运营里程 /km	运 营 时 间
1	上海地铁 1 号线	36.89	1993
2	北京地铁复八线	13.59	1999
3	广州地铁 1 号线	18.5	1999
4	上海地铁 2、3 号线（一期）	41.27	2000
5	大连轻轨 3 号线	49.15	2001
6	长春轻轨（一期）	34.3	2002
7	广州地铁 2 号线	31.8	2002
8	北京地铁 13 号线、八通线	59.86	2003
9	上海地铁 5 号线	17.2	2003

3. 规范发展阶段（2003—2008）

这一阶段从 2003 年国办发 81 号文至 2008 年全球金融危机。根据 2003 年 9 月国务院办公厅通知要求，对城市轨道交通的建设进行严格的控制，人口规模、交通需求和经济水平将是衡量一个城市能否建设轨道交通的三大基本要素，缺一不可，确立了"量力而行、规范管理、稳步发展"的城市轨道交通建设方针，明确提出项目申报要报国家发改委（国务院）批准。在此阶段，北京、上海、天津等城市轨道交通继续开辟新线运营，深圳、武汉、南京、重庆等城市轨道交通首次开通运营，见表1-12。

表 1-12　规范发展阶段国内城市轨道交通发展情况

序　号	城市轨道交通系统制式	运营里程 /km	运 营 时 间
1	深圳地铁 1 号线、4 号线	61.5	2004
2	武汉地铁 1 号线	10.23	2004
3	天津津滨轻轨（地铁 9 号线）	45.4	2004
4	南京地铁 1 号线	38.9	2005
5	重庆单轨 2 号线	31.3	2005
6	北京地铁 5 号线	27.6	2007
7	上海地铁 6 号线	33.5	2007
8	北京地铁 8 号、10 号、机场线	34.3	2008

4. 蓬勃发展阶段（2008—2018）

该阶段是我国城市轨道交通发展的黄金十年，我国城市轨道交通进入快速发展新时期，城市轨道交通运营规模、客运量、在建线路长度、规划线路长度均创历史新高，城市轨道交通发展日渐网络化、差异化，系统制式结构多元化，网络化运营逐步实现。这一阶段，除已开通轨道交通运营城市继续开辟新线外，许多城市首次开通轨道交通运营，如沈阳、成都、佛山、西安、苏州、杭州、昆明、哈尔滨、郑州、长沙、宁波、无锡、青岛、兰州、南昌、淮安、福州、东莞、南宁、合肥、石家庄、珠海、贵阳、厦门、乌鲁木齐等，见表1-13。

表 1-13　蓬勃发展阶段国内城市首次开通轨道交通情况

序　号	城市轨道交通系统制式	运营里程 /km	首条线路运营时间
1	沈阳地铁 1 号线	27.8	2010
2	成都地铁 1 号线	41	2010
3	佛山地铁 1 号线（广佛地铁）	32.16	2010
4	西安地铁 2 号线	26.8	2011
5	苏州地铁 1 号线	25.74	2012
6	杭州地铁 1 号线	53.62	2012
7	昆明地铁 6 号线	26.6	2012
8	哈尔滨地铁 1 号线	17.47	2013
9	郑州地铁 1 号线	41.2	2013
10	长沙地铁 2 号线	42.1	2014
11	宁波地铁 1 号线	44.18	2014
12	无锡地铁 1 号线	29.42	2014
13	青岛地铁 3 号线	25.2	2015
14	兰州市域快轨	61	2015
15	南昌地铁 1 号线	28.8	2015
16	淮安有轨电车	20.07	2015

（续）

序　号	城市轨道交通系统制式	运营里程 /km	首条线路运营时间
17	福州地铁 1 号线	24.89	2016
18	东莞地铁 2 号线	37.8	2016
19	南宁地铁 1 号线	32.1	2016
20	合肥地铁 1 号线	24.58	2016
21	石家庄地铁 1、3 号线	30.3	2017
22	珠海有轨电车 1 号线	8.8	2017
23	贵阳地铁 1 号线	12.9	2017
24	厦门地铁 1 号线	30.3	2017
25	乌鲁木齐地铁 1 号线	16.5	2018

5. 有序发展阶段（2018—至今）

2018 年 6 月，国务院办公厅发布《关于进一步加强城市轨道交通规划建设管理的意见》（国办发〔2018〕52 号），强调要坚持"量力而行、有序推进，因地制宜、经济适用，衔接协调、集约高效，严控风险、持续发展"的原则，标志着国内城市轨道交通行业步入有序发展阶段。截至 2019 年 6 月底，有序发展阶段首次开通轨道交通运营的城市有济南、兰州（表 1-14）。

表 1-14　有序发展阶段国内城市首次开通轨道交通情况

序　号	城市轨道交通系统制式	运营里程 /km	首条线路运营时间
1	济南地铁 1 号线	26.1	2019
2	兰州地铁 1 号线	26.78	2019

三、国内城市轨道交通发展现状

截至 2019 年 6 月底，国内共有 36 个城市开通轨道交通系统，其中，上海、北京、广州、南京、武汉等轨道交通运营线路里程位居前列（表 1-15）。

表 1-15　国内城市轨道交通运营线路规模统计汇总（截至 2019 年 6 月底）

城　市	运营线路长度 /km	城市轨道交通系统制式						
		地铁	轻轨	单轨	有轨电车	磁浮交通	APM	市域快轨
北京	713.1	617	—	—	8.9	10.2	—	77
天津	226.9	166.7	52.3	—	7.9	—	—	—
上海	784.6	669.5	—	—	23.7	29.1	6.3	56
广州	463.9	452.3	—	—	7.7	—	3.9	—
大连	181.3	54.1	103.8	—	23.4	—	—	—
长春	117.6	38.6	61.5	—	17.5	—	—	—
深圳	297.6	285.9	—	—	11.7	—	—	—
武汉	347.9	263.7	37.8	—	46.4	—	—	—
南京	394.3	176.8	—	—	16.7	—	—	200.8
重庆	313.4	214.9	—	98.5	—	—	—	—

（续）

城　　市	运营线路长度 / km	城市轨道交通系统制式						
		地铁	轻轨	单轨	有轨电车	磁浮交通	APM	市域快轨
沈阳	128.4	59	—	—	69.4	—	—	—
成都	329.8	222.1	—	—	13.5	—	—	94.2
佛山	21.5	21.5	—	—	—	—	—	—
西安	123.4	123.4	—	—	—	—	—	—
苏州	164.9	120.7	—	—	44.2	—	—	—
杭州	114.7	114.7	—	—	—	—	—	—
昆明	88.7	88.7	—	—	—	—	—	—
哈尔滨	21.8	21.8	—	—	—	—	—	—
郑州	136.6	93.6	—	—	—	—	—	43
长沙	67.4	48.8	—	—	—	18.6	—	—
宁波	74.5	74.5	—	—	—	—	—	—
无锡	55.7	55.7	—	—	—	—	—	—
青岛	178.2	44.9	—	—	8.8	—	—	124.5
兰州	87.78	26.78	—	—	—	—	—	61
南昌	60.3	60.3	—	—	—	—	—	—
淮安	20.1	—	—	—	20.1	—	—	—
福州	24.6	24.6	—	—	—	—	—	—
东莞	37.8	37.8	—	—	—	—	—	—
南宁	53.1	53.1	—	—	—	—	—	—
合肥	52.3	52.3	—	—	—	—	—	—
石家庄	28.4	28.4	—	—	—	—	—	—
珠海	8.8	—	—	—	8.8	—	—	—
贵阳	33.7	33.7	—	—	—	—	—	—
厦门	30.3	30.3	—	—	—	—	—	—
乌鲁木齐	16.5	16.5	—	—	—	—	—	—
济南	26.1	26.1	—	—	—	—	—	—

任务三　城市轨道交通专业门类的认知

任务目标

1. 了解城市轨道交通专业门类。
2. 了解城市轨道交通各专业人才培养目标、技能要求与就业岗位。

知识课堂

一、城市轨道交通类专业设置

2019 年 7 月教育部发布了高等职业学校专业教学标准，在 2019 年版高等职业学校专业目录中，共设农林牧渔、资源环境与安全、交通运输等 19 个专业大类。交通运输大类包括铁道运输类、道路运输类、水上运输类、航空运输类、城市轨道交通类及邮政类。其中，城市轨道交通类设有 6 个专业，见表 1-16。

表 1-16　城市轨道交通类专业汇总

序　　号	专业代码	专业名称
1	600601	城市轨道交通车辆技术
2	600602	城市轨道交通机电技术
3	600603	城市轨道交通通信信号技术
4	600604	城市轨道交通供配电技术
5	600605	城市轨道交通工程技术
6	600606	城市轨道交通运营管理

二、城市轨道交通类专业介绍

1. 城市轨道交通车辆技术

（1）人才培养目标　本专业培养理想信念坚定，德、智、体、美、劳全面发展，具有一定的科学文化水平，良好的人文素养、职业道德和创新意识，精益求精的工匠精神，较强的就业能力和可持续发展的能力，掌握本专业知识和技术技能，面向铁路、船舶、航空航天和其他运输设备制造业、道路运输业的轨道列车司机、动车组制修师等职业群，能够从事城市轨道交通列车驾驶、车辆维护及检修、车辆装配、车辆调试等工作的高素质技术技能人才。

（2）就业面向　面向铁路、船舶、航空航天和其他运输设备制造业、道路运输业的轨道列车司机、动车组制修师等职业群，能够从事城市轨道交通列车驾驶、车辆维护及检修、车辆装配、车辆调试等工作。

（3）核心课程与实习实训

1）核心课程：车辆电气设备、列车牵引与制动系统、车辆驾驶控制系统、车辆检修工艺及生产组织、列车操作及故障处理（驾驶方向）、列车运行突发事件处理（驾驶方向）、车辆机械系统检修（检修方向）、车辆电气系统检修（检修方向）等。

2）实习实训：企业认知实习、钳工技能训练、电工技能训练、车辆检修综合实训（检修方向）、列车驾驶综合实训（驾驶方向）、跟岗实习、顶岗实习等。

2. 城市轨道交通机电技术

（1）人才培养目标　本专业培养理想信念坚定，德、智、体、美、劳全面发展，具有一定的科学文化水平，良好的人文素养、职业道德和创新意识，精益求精的工匠精神，较强的就业能力和可持续发展的能力，掌握本专业知识和技术技能，面向道路运输业的轨道交通机电设备维护等职业群，能够从事城市轨道交通机电设备运行与管理等工作的高素质技术技能人才。

（2）就业面向 面向城市轨道交通运营企业，在地铁车站及车辆段从事机电设备运行、维修、保养、安装、调试与管理工作以及工程设计与施工、技术改造等工作。

（3）核心课程与实习实训

1）核心课程：城市轨道交通站台门系统运行与维护、城市轨道交通暖通空调与给排水系统运行与维护、城市轨道交通消防系统运行与维护、低压维修电工、城市轨道交通电梯系统运行与维护、城市轨道交通低压电器控制技术等。

2）实习实训：企业认知实习、钳工技能训练、电工技能训练、PLC自动控制实训、跟岗实习、顶岗实习等。

3. 城市轨道交通通信信号技术

（1）人才培养目标 本专业培养理想信念坚定，德、智、体、美、劳全面发展，具有一定的科学文化水平，良好的人文素养、职业道德和创新意识，精益求精的工匠精神，较强的就业能力和可持续发展的能力，掌握本专业知识和技术技能，面向道路运输业的轨道交通通信工、轨道交通信号工等职业群，能够从事通信与信号设备的安装、调试、维修养护等工作的高素质技术技能人才。

（2）就业面向 面向道路运输业的轨道交通通信工、轨道交通信号工等职业群，能够从事通信与信号设备的安装、调试、维修养护等工作。

（3）核心课程与实习实训

1）核心课程：城市轨道交通信号基础设备维护、城市轨道交通联锁系统维护、城市轨道交通列车自动控制系统维护、电源系统维护、城市轨道交通专用通信系统维护、城市轨道交通通信传输系统维护、城市轨道交通无线集群系统与设备维护等。

2）实习实训：企业认知实习、钳工实训、电工电子实训、低压电工考证、城市轨道交通信号基础设备维护实训、城市轨道交通联锁系统维护实训、城市轨道交通通信传输系统维护实训、跟岗实习、顶岗实习等。

4. 城市轨道交通供配电技术

（1）人才培养目标 本专业培养理想信念坚定，德、智、体、美、劳全面发展，具有一定的科学文化水平，良好的人文素养、职业道德和创新意识，精益求精的工匠精神，较强的就业能力和可持续发展的能力，掌握本专业知识和技术技能，面向城市轨道供配电系统设备的安全操作、设备检修、安全管理、事故故障分析处理与网络故障处理等职业群，能够从事配电系统运行、调度、检修等工作的高素质技术技能人才。

（2）就业面向 面向城市轨道交通供配电企业，在城市轨道供电系统岗位群，从事城市轨道交通供配电系统运行、调度与检修等工作以及对城市供电、铁路供电、物业管理等企业的供配电设备进行管理等工作。

（3）核心课程与实习实训

1）核心课程：电工仪表与测量、高电压技术、电力系统远动技术、高低压电气设备、变压器与牵引整流机组、城市轨道供电系统运行、城市轨道综合自动化系统、蓄电池与直流电源设备等。

2）实习实训：企业认知实习、钳工实训、电工电子实训、低压电工考证、城市轨道交通电气设备测量实训、城市轨道交通供电设备运行及维护实训、跟岗实习、顶岗实习等。

5. 城市轨道交通工程技术

（1）人才培养目标　本专业培养理想信念坚定，德、智、体、美、劳全面发展，具有一定的科学文化水平，良好的人文素养、职业道德和创新意识，精益求精的工匠精神，较强的就业能力和可持续发展的能力，掌握本专业知识和技术技能，面向城市轨道交通线路施工、维修与抢修等职业群，能够从事城市轨道交通工程施工建设、线路检修作业、焊接机修等工作的高素质技术技能人才。

（2）就业面向　面向城市轨道交通行业的地铁工程施工，在地铁线路检修、探伤等技术领域，从事工程施工、试验检测、工程监测、轨道交通工程养护、轨道地铁线路检修作业、焊接机修及钢轨探伤作业等工作。

（3）核心课程与实习实训

1）核心课程：城市轨道交通工程测量、地铁建筑结构、地铁轨道线路、土力学及地基基础、城市轨道交通施工作业技术、轨道无缝线路、地铁道岔轨道线路检修、超声波探伤原理与仪器使用等。

2）实习实训：企业认知实习、工程测量实训、工程材料试验检测实训、跟岗实习、顶岗实习等。

6. 城市轨道交通运营管理

（1）人才培养目标　本专业培养理想信念坚定，德、智、体、美、劳全面发展，具有一定的科学文化水平，良好的人文素养、职业道德和创新意识，精益求精的工匠精神，较强的就业能力和可持续发展的能力，掌握本专业知识和技术技能，面向道路运输行业的城市轨道交通服务员等职业群，能够从事行车组织、票务组织、客运服务、车站管理等工作的高素质技术技能人才。

（2）就业面向　面向道路运输行业的城市轨道交通服务员等职业群，从事行车组织、票务组织、客运服务、车站管理等工作的高素质技术技能人才。

（3）核心课程与实习实训

1）核心课程：城市轨道交通车站机电设备运用、城市轨道交通自动售检票系统及票务处理、城市轨道交通客运组织、城市轨道交通客运服务、城市轨道交通行车组织、城市轨道交通运营安全等。

2）实习实训：企业认知实习、自动售检票系统实训、车站客运服务、客运组织实训、行车组织实训、跟岗实习、顶岗实习等。

复习与思考

1. 简述城市轨道交通系统制式及特点。
2. 简述国内外城市轨道交通行业发展现状。
3. 简述城市轨道交通专业门类及职业岗位。

项目二

城市轨道交通线路与轨道结构

项目导入

　　城市轨道交通的工程设施，不仅是保证高质量运营服务的前提和基础，而且具有永久性，所以其规划设计的科学性与预见性十分重要。轨道作为一个整体结构，敷设在路基之上，直接承受列车车辆及其荷载的巨大压力，对行车安全及乘客的舒适度具有重要影响。如何科学规划与设计城市轨道交通线路？轨道结构由哪些部分构成？各组成部分有哪些功能？本项目将解决这些问题。

任务一　城市轨道交通线网规划的认知

任务目标

1. 了解城市轨道交通线网规划与线路设计的内容、意义。
2. 了解线网规模影响因素及确定方法。

知识课堂

　　城市轨道交通线网规划是根据城市总体发展要求，统筹人口分布、交通需求等情况编制的，是指导城市轨道交通长远可持续发展的总体性方案，是编制近期建设规划的基础，需具有前瞻性并预留发展空间。科学、合理、完善的城市轨道交通网络是城市客运交通的发展方向，对城市发展起到决定性的引导激发作用。

一、线网规划概述

1. 线网规划的意义

城市轨道交通线网规划是指在一定线路数量规模的条件下，确定路网的形态及各条线路走向的决策过程，涉及线网的基本结构、总体规模及主要站点、枢纽的布局形态等，同时给出线网的可实施性论证，以期逐步形成科学合理的交通网络，使其能够起到客流组织的主导作用，并与城市总体的发展与形态的合理演化相协调。线网规划既是城市交通规划中的重要环节，又是城市总体规划的重要组成部分。城市轨道交通工程投资大、工期长、影响深远，做好城市轨道交通建设规划，保证工程的科学性、合理性和可行性，具有十分重要的意义。

（1）科学制订城市经济发展计划的需要　城市轨道交通耗资巨大，一条线的建设投入上百亿，往往成为当地最大规模的基础设施建设项目。城市轨道交通线网建设一般都是持续数十年甚至更长时间的浩大工程，具有非可逆性，线路一经建成改造调整难度极大。因此，无论在强度还是时间方面都会对城市经济发展产生巨大的影响。

（2）控制城市轨道交通建设用地、降低工程造价的需要　城市轨道交通是系统的、大型的城市基础设施工程，其用地范围有严格的技术要求。据统计，在工程总投资中，拆迁工程一般占10%~15%，比重较大。有了线网规划，才能知道对哪些路段和地块进行控制，从而为规划部门控制城市轨道交通工程建设用地提供依据。

（3）城市轨道交通工程立项建设的依据　城市轨道交通是投资高、技术要求高、施工难度高的"三高"系统，一条城市轨道交通线路的合理性和必要性，要从其在整个线网中的作用及地位来描述。各线之间关系如何，换乘站分布、车辆段共用关系、线路走向是否合理，线路大概是何种规模等级，都必须以线网规划为依据。

总之，地方政府必须根据城市总体规划、土地利用总体规划、城市综合交通体系规划，合理地制订城市轨道交通线网规划，确定城市轨道交通近期建设线路。

2. 线网规划的原则

（1）线网规划要与城市发展规划紧密结合，并适当留有发展余地　线网规划应与城市总体规划相配合支持形成合理的城市结构，要结合城市的地理结构、人文景观、城市人口规模、用地规模、经济规模和基础设施规模等因素，能适应城市的未来发展。

（2）线路走向要与城市主客流方向一致，尽量经过或靠近大型客流集散地　线网规划应与居民出行的主客流方向一致，使轨道交通能最大限度地发挥交通骨干作用。线路经过或靠近大型客流集散地，既增加了客流又能方便居民，减少换乘，提高可达性。

（3）规划线路要尽量沿道路主干道布设　城市道路主干道空间开阔，客流汇集。线路沿道路主干道布设，不仅可以方便施工，大大减少工程量和拆迁量，对居民生活的干扰也相对较小；车站分布在主干道附近，有利于地面公交和轨道交通之间的换乘，方便居民出行。

（4）线网规划要量力而行，因地制宜，经济适用　线网规划要以城市财力和建设运营管理能力为实施条件，合理把握建设规模和节奏，确保与城市发展水平相适应。坚持近远期结合，统筹交通、环境、工程等因素，选择适宜的城市轨道交通系统制式和敷设方式。

3. 建设规划的报批

（1）申报条件　2003年9月，《国务院办公厅关于加强城市快速轨道交通建设管理的通知》（国办发〔2003〕81号）中首次明确了申报地铁、轻轨建设的条件。2018年6月，《国务院办公厅关于进一步加强城市轨道交通规划建设管理的意见》（国办发〔2018〕52号）对地铁、轻轨的申报条件做出重大修改（表2-1）。

表 2-1　地铁、轻轨申报条件比较

	项　目	国办发〔2003〕81号	国办发〔2018〕52号
地铁	地区生产总值	1000亿元以上	3000亿元以上
	一般公共财政预算收入	100亿元以上	300亿元以上
	城区人口	300万人以上	常住300万人以上
	远期客流规模单向高峰每小时	3万人次以上	3万人次以上
	线路客运强度每日每公里	—	不低于0.7万人次
轻轨	地区生产总值	600亿元以上	1500亿元以上
	一般公共财政预算收入	60亿元以上	150亿元以上
	城区人口	150万人以上	常住150万人以上
	远期客流规模单向高峰每小时	1万人次以上	1万人次以上
	线路客运强度每日每公里	—	不低于0.4万人次

（2）审批流程　城市轨道交通建设规划首先由省级发展改革部门与城乡规划主管部门、住房城乡建设部门进行初审，再向国家发改委报送建设规划。城市轨道交通首轮建设规划由国家发改委会同住房和城乡建设部组织审核后报国务院审批，后续建设规划由国家发改委会同住房和城乡建设部审批，报国务院备案，如图2-1所示。

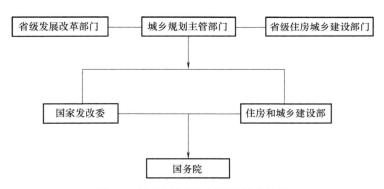

图 2-1　城市轨道交通建设规划审批流程

4. 线网规划的内容

城市轨道交通线网规划要根据城市现有条件、城市总体规划、土地利用总体规划及城市综合交通体系规划，合理确定其内容。主要内容包括：

（1）必要性研究　根据城市的中长期发展规划，论证城市是否需要发展城市轨道交通系统。

（2）线网规模研究　研究线网的总长度及其线路的数目，不同的线网规模对线网结构、线路走向及其作用功能等方面有很大影响。

（3）线网结构研究　线网的形态结构主要是指中心城区线网的形态结构，如网格式、放射式、环形放射式。

（4）线路设计　线路走向、车站分布、线路敷设方式（地面、地下、高架）等。

（5）系统制式选择　根据实际情形选择适合自身的城市轨道交通系统制式。

（6）联络线规划　联络线可连接各条独立运行的线路，应认真规划好联络线的分布位置，以便线网各条线路建成后，能机动灵活地调运线路中各线的车辆。

（7）车辆段与其他基地规划　为提供车辆停放、运用、检查、整备和修理的管理单位，需进行车辆段及其他综合维修中心、材料总库和职工技术培训中心等基地的规划，有条件时应尽量将它们与车辆段规划在一起。

（8）线路建设顺序　线网结构、线路走向和车站分布确定后，要根据城市客运交通需求、城市新建与改建计划、工程实施难易程度及工程投资情况等因素确定线路建设的顺序。

二、线网规模

1. 线网规模的衡量指标

（1）线网规模的含义　线网规模是指城市轨道交通各条线路的长度之和，共轨部分的线路长度计算一次，也称为线网长度。线网规模从线网密度和系统能力输出两方面体现了城市轨道交通系统所能提供的服务水平及自身的效益水平，如图 2-2 所示。

图 2-2　线网规模类型

（2）线网规模的衡量指标

1）线网总长度：

$$L = \sum_{i=1}^{n} l_i$$

式中　L——线网总长度（km）；

l_i——城市轨道交通线网第 i 段线路的长度（km）。

L 反映了线网规模，由此可以估算总投资量、总运输能力、总设备需求量、总经营成本、总体效益等，并据此决定相应的管理体制与运作机制。

2）线网密度：

$$\sigma = \frac{L}{S} \text{或} \ \sigma = \frac{L}{Q}$$

式中　σ——城市轨道交通线网密度（km/km² 或 km/ 万人）；

S——城市轨道交通线网规划区面积（km²）；

Q——城市轨道交通线网规划区总人口（万人）。

城市轨道交通线网密度是衡量城市轨道交通服务水平及线网规模的重要因素，由于城市区域开发强度不同，对交通的需求也是不平衡的，往往是由市中心区向外围区呈现需求强度的逐步递减，因此线网密度也应相应递减。

3）线网日客运周转量：

$$P = \sum_{i=1}^{n} P_i l_i$$

式中　P——城市轨道交通线网日客运周转量（人次·km/ 日）；

P_i——城市轨道交通线网第 i 段线路的日客运量（人次 / 日）；

l_i——城市轨道交通线网第 i 段线路的长度（km）。

城市轨道交通线网日客运周转量体现了轨道交通在城市客运交通中的地位与作用、占有的份额与满足程度。

2．线网规模的影响因素

城市轨道交通线网规模的影响因素主要有城市交通发展需求、城市社会经济发展水平。其中，城市交通发展需求包括城市规模形态布局、城市人口规模和城市建设用地规模，城市社会经济发展水平包括地区生产总值、国家地区交通政策和工程实施技术进度，如图2-3所示。

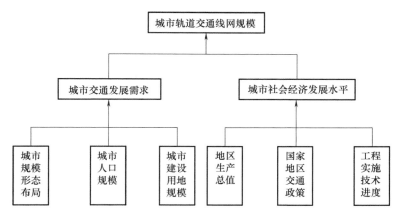

图2-3　城市轨道交通线网规模的影响因素

3．线网规模的确定方法

线网规模的确定应使其在不同阶段都能满足出行客流的要求，发挥最大作用，在规划实施期内可以根据城市的需求进行适当的调整。相对而言，调整的幅度不会很大。因此，城市轨道交通线网规模是必须确定也是可以确定的基础数据。

（1）服务水平法　该法先将规划区分为几类，例如分为中心区、中心外围区及边缘区，然后类比其他轨道交通系统发展比较成熟的城市的线网密度，或通过线网形状、吸引范围和线路间距确定线网密度，来确定城市的线网合理规模，如图2-4所示。

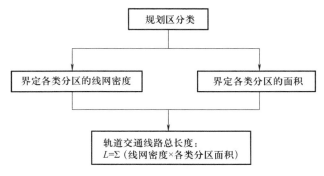

图2-4　服务水平分析法

（2）吸引范围几何分析法　吸引范围几何分析法是在分析选择合适的城市轨道交通线网结构形态和线间距的基础上，将城市规划区简化为较为规则的图形或者规则图形组合，然后以合理吸引范围来确定线间距，最后在图形上按线间距布线再计算线网规模。

$$线网总长度 = 城市规划区面积 \times 线网密度$$

即

$$L = S\sigma$$

（3）回归分析法　先找出影响城市轨道交通线网规模的主要因素（如人口、面积、地区生产总值、私人交通工具拥有率等），然后利用其他轨道交通系统发展比较成熟的城市的相关资料，对线网规模及各主要影响因素进行数据拟合，从中找出线网规模与各主要相关因素的函数关系式。

$$L = b^0 p^{b^1} S^{b^2}$$

式中　b^0、b^1、b^2——回归系数；

　　　　p——城市人口（万人）；

　　　　S——城市轨道交通线网规划区面积（km^2）。

（4）交通需求分析法　该方法依据交通规划四阶段预测法，从交通供给满足客运需求的角度来确定线网合理规模。

$$L = \frac{Q\alpha\beta}{\gamma} (Q = p\zeta)$$

式中　Q——城市出行总量；

　　　　p——城市远景人口规模（含常住人口和流动人口）（万人）；

　　　　ζ——人口出行强度（人次／日）；

　　　　α——城市公共交通出行比例；

　　　　β——轨道交通出行占城市公共交通出行比例；

　　　　γ——轨道交通线网负荷强度［万人次／（公里·日）］。

四种方法各有其特点，详见表2-2。线网规模影响因素有的可以量化，有的无法量化，确定城市轨道交通线网规模是否合理宜采用定量计算与定性分析相结合的方法。

表 2-2　线网规模确定方法的比较

方　　法	原　　理	影　响　因　素	计　算　方　式	模型复杂度	预测准确性
服务水平法	简单	人口、面积等	类比	较复杂	依赖类比数据
吸引范围几何分析法	简单	面积	几何计算	简单	较大
回归分析法	较复杂	人口、面积等	回归拟合	复杂	较难确定
交通需求分析法	简单	人口	预测	简单	依赖参数

4. 线网规模存在的问题

近年来，很多城市的轨道交通建设规划规模调整频繁，造成新线建设主要换乘节点、资源共享和用地控制难以落实，这在一定程度上反映了线网规模超前考虑不足。究其原因，一方面在于我国在加速城市化过程中，城市人口规模预计不足，几乎所有城市规划的人口规模未到规划年限就已超过规划控制人口；另一方面是决定城市总出行量的居民日均出行率随着社会经济发展在逐年提高，如上海市居民日均出行率1995年为1.87次，到2009年就提高到2.23次，在人口规模不变的前提下相当于总出行量提高了19%。因此，在城市人口规模的预估和出行率的选取上一定要结合我国国情，充分考虑城市未来的发展。从类比角度看，与国际同类规模城市的轨道交通线网相比，我国特大或大城市的轨道交通规划线网总体规模也是偏小的（表2-3）。

表 2-3　上海与东京轨道交通线网指标比较

指　　　标	上海中心城	东京区部	上海市域	东京交通圈
面积 /km²	663	621	6769	6451
人口（万人）	1200	880	2424	3016
线网长度 /km	582	807	1051	2300
线网密度 /（km/km²）	0.88	1.31	0.16	0.36
万人拥有长度 /（km/ 万人）	0.49	0.92	0.43	0.76

三、线网结构

（1）网状式结构（棋盘式结构）　网状式结构是指由若干线路大多呈平行四边形交叉，所构成的网格多为四边形的线网结构，如图 2-5a 所示。其特点是：一般在中心城区分布较均匀，郊外线路不多；由于存在回路，连通性好，乘客换乘的选择也较多；线路多为平行分布，方向简单，线路和换乘站上的客流也能分布较均匀。但由于没有通达市中心的径向斜线，市郊到市中心的出行不便。

（2）放射式结构　放射式结构有星形和三角形两种，如图 2-5b 所示。星形放射式结构所有线路只有一个换乘站，线网中所有线路都可以在该站换乘，客流量大、换乘客流相互干扰大，易引起混乱和拥挤；三角形放射式结构线路多为径向线且线路交叉形成的网格多为三角形，这种网络形状乘客换乘方便，任意两条线路间都可以实现直接换乘，由于各个方向都有线路通达市中心，市郊到市中心出行方便。这种结构市中心对市郊的经济辐射距离较远，市郊之间的往返必须到市中心的换乘站换乘。

（3）环形结构　环形结构是指线路封闭，环绕市中心区域一圈、近似椭圆形的线网形式，如图 2-5c 所示。这种形状因线路闭合，可避免和减少折返路线，由于环绕市中心外围，对市中心客流起到一定的疏散作用。环形放射式结构是在放射式结构的基础上增加环形，通过环形将各条线路有机联系起来的一种线网结构。环形放射式结构综合了放射式结构与环形结构的优点，又克服了其中单个结构本身的不足之处。

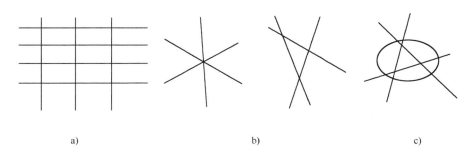

a)　　　　　　　　　　　　b)　　　　　　　　　　　　c)

图 2-5　城市轨道交通线网结构

任务二 城市轨道交通线路设计的认知

任务目标

熟悉曲线半径及坡度对列车运行的影响。

知识课堂

线路设计是在已确定的城市轨道交通线网的条件下，研究某条或某一段线路的具体位置，确定线路的基本走向、敷设方式、起终点位置和主要车站分布等细节。线路设计必须满足行车安全、平顺，养护维修工作方便，保证乘客一定的舒适度及有关规范设计要求。城市轨道交通线路设计分为平面、纵断面、横断面三个部分，设计时三者必须有机地结合起来。

一、线路设计概述

1. 线路设计的过程

城市轨道交通线路设计的任务是在规划线网的基础上，对拟建的城市轨道交通线路走向及其平面、纵断面和横断面位置，逐步由浅入深进行研究与设计，最终确定最合理的线路三维空间位置，其过程分为可行性研究、总体设计、初步设计和施工设计四个阶段。

（1）可行性研究阶段　主要通过线路多方案比选，完善线路走向、线路敷设方式，基本确定车站、辅助线等分布，提出设计指导思想、主要技术标准、线路平纵断面及车站的大致位置等。

（2）总体设计阶段　根据可行性研究报告及审批意见，通过方案比选，初步确定线路平面、车站的大体位置、辅助线的基本形式、线路不同敷设方式的过渡段位置，提出线路纵断面的初步标高位置等。

（3）初步设计阶段　根据总体设计文件及审查意见，完成对线路设计原则、技术标准的确定，基本上确定线路平面位置、车站位置及进行右线纵断面设计。

（4）施工设计阶段　根据初步设计文件及审查意见，对部分车站位置及个别曲线半径等进行微调，对线路平面及纵断面进行精确计算和详细设计，提供施工图及说明文件。

2. 线路设计的内容

（1）选线　选线包括选择设计线路的走向、车站分布、配线分布、交叉形式和敷设方式等。

（2）设计线路平面　从平面看，线路是由直线和曲线组成的，曲线包括圆曲线和缓和曲线。在线路设计时，主要根据实地情况和技术要求考虑直线与曲线的技术标准，如曲线半径、圆曲线长度、缓和曲线等。

（3）设计线路纵断面　从纵断面看，线路主要由平道和坡道组成。在线路设计时，主要根据地形、地质、工程量及施工条件考虑平道与坡道的技术标准，如最大坡度、最小坡度、坡段长度及竖曲线等。

（4）设计线路横断面　从横断面看，线路设计要满足各个断面列车通过的限界要求。

（5）选择车站站位　车站站位可按横向、纵向位置分为不同类型，站位的选择取决于车站位置与路口关系。

二、选线

1. 选线的原则

1）应依据线路在城市轨道交通规划线网中的地位和客流特征、功能定位等，确定线路性质、运量等级和速度目标。

2）应以快速、安全、独立运行为原则，线路之间交叉以及线路与其他交通线路交叉时，必须采用立体交叉方式。

3）应符合运营效益原则，线路走向应符合城市客流走向，应有全日客流效益、通勤客流规模、大型客流点的支撑。

4）应符合工程实施安全原则，宜规避不良工程地质、水文地质地段，宜减少房屋和管线拆迁，宜保护文物和重要建/构筑物，同时应保护地下资源。

5）线路与相近建筑物距离应符合城市环境、风景名胜和文物保护的要求。地上线必要时应采取针对振动、噪声、景观、隐私、日照的治理措施，并应满足城市环境相关的规定；地下线应减少振动对周围敏感点的影响。

6）车站应设置在客流量大的集散点和各类交通枢纽上，并与其他交通相协调，以利于最大限度地吸引客流，方便乘客，使轨道交通成为城市公共交通骨干。

7）应综合考虑车辆段、停车场的位置和连接两相邻轨道交通线路间的联络线，充分考虑既有线路及远期规划线路交叉点的衔接，为方便未来线网中的乘客换乘创造条件。

2. 选线的分类

（1）经济选线　经济选线就是选择行车线路的起始点和经过点，使线路尽可能多地经过客流量集中的地方，以吸引最大的客流量，提高城市轨道交通的经济效益。

（2）技术选线　技术选线就是按照行车线路，结合有关设计规范的平面和纵断面设计要求，确定不同坐标处的线路位置。

3. 选线的内容

（1）线路的走向和线路路由　城市轨道交通线路走向要考虑线路的作用、客流分布与客流方向、城市道路网分布状况、隧道主体结构施工方法、城市经济实力等因素，路由方案要考虑吸引客流条件、线路条件、施工条件、施工干扰、工程造价等问题。

（2）车站分布　车站分布应以规划线网的换乘节点、城市交通枢纽点为基本站点，结合城市道路布局和客流集散点分布确定。

（3）辅助线分布　线路设计需考虑折返线、渡线、存车线、联络线及车辆段出入线等辅助线。

（4）线路交叉形式和敷设方式　两条线路交叉时，应在交叉点设置换乘站。线路敷设方式应根据城市环境、地形条件和总体规划要求，因地制宜地选择。

三、线路平面设计

线路平面是轨道交通线路中心线在水平面上的投影，反映线路的曲直变化，组成要素是直线和曲线，如图 2-6 所示。直线是线路走向的主要部分，曲线包括圆曲线和缓和曲线。曲线是为了满足线路选线要求，适应地形、避让障碍物而必然出现的部分，曲线对列车运行具有阻力。

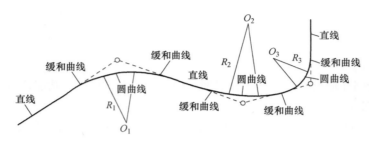

图2-6　线路平面

1. 列车运行阻力

列车运行阻力包括直线阻力和曲线附加阻力。

（1）直线阻力　列车在通过直线段时，承受的阻力有轮轨阻力和空气阻力。

（2）曲线附加阻力　列车在通过曲线段时，除克服直线阻力外，还需克服曲线附加阻力，即由于列车在曲线上行驶而产生的附加阻力。

1）曲线附加阻力产生的原因：由于列车沿曲线运行时曲线段内轨与外轨之间的距离不相等，列车在通过曲线段时，会发生外侧车轮滚动、内侧车轮滑动的情况。轮对在曲线上滚动运行中产生滑动摩擦，曲线半径越小，滑动摩擦越大，对钢轨的磨耗越严重。

2）曲线附加阻力的计算：

$$单位曲线附加阻力 = \frac{K}{R}$$

式中　K——计算常数，可通过检测得出；

　　　R——曲线半径。

由此得知，曲线附加阻力与曲线半径R成反向变动。即：曲线半径越小，曲线附加阻力越大，对列车运行越不利。

2. 最小曲线半径

曲线半径的大小，反映了曲线弯曲度的大小。从列车运行安全、乘客舒适、钢轨磨耗及养护维修等方面考虑，最小曲线半径应尽量少用，并应有一定限制。

（1）圆曲线最小半径　线路平面圆曲线半径应根据车辆类型、地形条件、运行速度、环境要求等因素综合比选确定，以地铁为例，圆曲线最小曲线半径应符合规定要求（表2-4和表2-5）。

表2-4　地铁圆曲线最小曲线半径　　　　　（单位：m）

车型 线路	A 型 车		B 型 车	
	一 般 地 段	困 难 地 段	一 般 地 段	困 难 地 段
正线	350	300	300	250
联络线、出入线	250	150	200	150
车场线	150	—	150	—

表2-5　车站最小曲线半径　　　　　　　　　　　　　（单位：m）

车　　　型		A　型　车	B　型　车
曲线半径	无站台门	800	600
	设站台门	1500	1000

圆曲线长度应根据曲线半径、列车通过速度等因素综合确定，地铁正线最小长度A型车为25m，B型车为20m，不短于一节车辆全轴距长。

（2）缓和曲线最小半径　缓和曲线是指在圆曲线和直线之间设置的，起缓和作用的过渡曲线。设置缓和曲线的主要目的是当车辆自直线进入曲线或从曲线进入直线时，车辆上产生的离心力不应突然出现或消失，而应在缓和曲线范围内逐渐地增加或减少，以保证行车平稳而不在缓和曲线的始、终点产生振动冲击。缓和曲线长度应根据曲线半径、列车通过速度以及曲线外轨超高设置等因素综合确定，最小长度为20m，不短于一节车辆全轴距长。

虽然曲线半径越小，曲线附加阻力越大，对列车运行不利，但曲线半径越小，线路适应地形、避让障碍物的能力也越强。

> 📝 小知识
>
> 　　世界各个城市的地铁系统，主要线路上的曲线半径标准，如：纽约地铁的最小曲线半径为107m，芝加哥地铁和波士顿地铁的最小曲线半径为100m，巴黎地铁的最小曲线半径为75m。尽管曲线半径小，但可采取较为灵活的运营措施，位于区间中部的曲线处实行列车限速，位于车站两端的曲线处列车实际运行速度不超过限速值，不影响列车正常运营。

3. 曲线外轨超高

在直线段轨道上，左右两股钢轨应保持基本水平，目的是使两股钢轨受力均匀，并保证车辆平稳行驶。列车在曲线轨道上运行时会产生离心力，使列车外倾，外股钢轨受到较大压力，磨耗加剧，影响乘客舒适，严重时可能会造成列车倾覆。因此，为平衡离心力，在曲线轨道上设超高，借助车辆重力的水平分力来抵消离心力，达到内外两股钢轨受力均匀，垂直磨耗相等，减小离心加速度，增加乘客旅行舒适感以及提高线路稳定性和行车安全。这种把曲线外股钢轨较内股钢轨抬高一定的高度以平衡离心力，称为曲线外轨超高。

4. 轨距加宽

轨距是钢轨顶面16mm范围内两股钢轨作用之间的最小距离，其测量方法为两条钢轨轨顶内侧垂直平面间的距离。

（1）轨距加宽标准　在小半径曲线地段，为使车辆顺利通过曲线，还要适当加大轨距，加宽的值称为轨距加宽。《地铁设计规范》（GB 50157—2013）规定，半径等于或小于250m曲线段的轨距应加宽。由于车辆由曲线外股钢轨导向，为保持曲线外股钢轨圆顺，故规定曲线轨距加宽值应加在里股。即：将里股钢轨向曲线内侧横移，使其与线路中心的距离等于1435mm/2加上轨距加宽值（表2-6）。

表2-6 曲线地段轨距加宽值

曲线半径 /m	加宽值 /mm		轨距 /mm	
	B 型 车	A 型 车	B 型 车	A 型 车
250>$R \geq$ 200	—	10	1440	1445
200>$R \geq$ 150	5	10	1440	1445
150>$R \geq$ 100	10	15	1445	1450

（2）轨距加宽方法 曲线加宽的轨距与直线轨距间，应使轨距均匀递减，由加宽的曲线轨距向直线轨距过渡。有缓和曲线时，轨距加宽应在整个缓和曲线内均匀递减。无缓和曲线时，则由圆曲线的始终点开始向直线均匀递减。

四、线路纵断面设计

线路纵断面是轨道交通线路中心线在垂直平面上的投影，反映线路的坡度变化，组成要素是平道、坡道以及设在变坡点处的竖曲线。平道是线路纵断面的基本部分，坡道用坡度和坡段长度表示，坡道对列车运行具有阻力。

1. 坡道阻力

坡道阻力是列车通过坡道时，因坡度存在而产生的附加阻力。

> 📝 **小知识**
>
> 坡道阻力产生的原因：车辆在坡道上运行，重力分解为对轨道的正压力与沿坡道的下滑力两个分力，下滑力即为坡道阻力。上坡时，坡道阻力为正值；下坡时，坡道阻力为负值。由此可见，坡道阻力与坡度呈同方向变动，即坡度越大，坡道阻力越大，对列车运行速度的制约越大。

2. 坡度

坡度是指以坡段终点对起点的高差与两点之间水平距离的比值，用‰表示，即指1000m水平距离的线路上升或下降的以米计的高度，线路纵断面由各种坡度的坡道组成。

由于坡度已不是限制城市轨道交通列车牵引质量的主要因素，所以称线路设计允许的最大坡度值为最大坡度。城市轨道交通线路应尽可能采用较平缓的坡度，最大坡度的确定必须考虑载客车位于曲线最大坡度处停车能否加速启动及必要的安全系数。

为了满足排水的需要，区间地下线不宜设计成平坡，一般情况下取不小于3‰的坡度。区间地面和高架线，当具有有效排水措施时，可采用平坡（表2-7）。

表2-7 地铁线路坡度

制式 线路	地 铁	
	一 般 地 段	困 难 地 段
正线	≤ 30‰	≤ 35‰
联络线、出入线	≤ 40‰	≤ 40‰
道岔	≤ 5‰	≤ 10‰
区间隧道	≥ 3‰	≥ 2‰
车站站台范围线	2‰	—

3. 节能型坡道

节能型坡道是指通过线路区间对坡度以及坡长进行合理的设计，使列车在出站以后通过区间下坡能迅速将重力势能转化为动能，以此达到尽量减少牵引列车所消耗电能的效果。在城市轨道交通线路纵断面设计中，凡有条件的地点，线路应尽量设计成符合列车运行规律的节能型坡道（图2-7），即车站设在线路纵断面的高处，两端设为下坡道。列车从车站启动后，借助下坡的势能增加列车加速度，缩短列车牵引时间，从而达到节能的目的。在列车进站停车时，可以借助坡度阻力，降低列车速度，缩短制动时间，减少制动发热，节约环控能量的消耗。

图2-7　节能型坡道

4. 竖曲线

两个坡段的连接点，即坡度变化点，称为变坡点。一个坡段两端的变坡点之间的水平距离称为坡段长度。如果坡段长度小于列车长度，列车就会同时跨越2个或2个以上的变坡点，各个变坡点所产生的附加应力和局部加速度会因叠加而加剧，影响列车的平稳运行和乘客的舒适度。因此，线路坡段长度不宜小于远期列车计算长度。

在纵断面上，若各坡段直接相连则形成一条折线，列车运行在折线上容易出现车轮脱轨、车钩脱钩等问题。为避免此类情形发生，应在变坡点处设置竖曲线，将折线断面平顺地连接起来，以保证行车的安全和平稳。竖曲线有抛物线形和圆形两种，我国城市轨道交通线路采用圆形竖曲线（图2-8）。

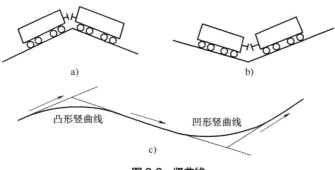

图2-8　竖曲线

城市轨道交通线路竖曲线半径大，根据线路类型不同要求不一（表2-8），车站站台和道岔范围不得设竖曲线。

表2-8　竖曲线半径　　　　　　　　　　　　　　　　（单位：m）

线　路	一 般 地 段	困 难 地 段
正线	5000	2500~3000
辅助线、车场线	2000	1000
车站两端线	3000	2000

五、线路横断面设计

城市轨道交通线路横断面设计主要满足线路各个断面列车通过的限界要求。城市轨道交通线路主要有地下、地面和高架三种敷设方式，每种敷设方式对沿线建（构）筑物的影响不同。其中地面和高架对沿线建筑物和道路环境影响较大，需要结合线路区间隧道与沿线道路、建（构）筑物的关系进行横断面设计。当采用地面敷设时，横断面设计时需考虑线路两侧建筑物情况，与既有或规划道路相结合；当采用高架敷设时，根据线路与所分布道路的相对位置关系，线路有路中、路侧和机非隔离带几种形式；当采用地下敷设时，横断面设计需考虑隧道与沿线建（构）筑物的距离，保证施工和运营的安全。

任务三　城市轨道交通限界的认知

任务目标

了解城市轨道交通限界的概念及分类。

知识课堂

限界是一种规定的轮廓线，轮廓线以内的空间是保证城市轨道交通列车安全运行所必需的空间。隧道的大小和桥梁的宽窄都是根据限界来确定的。限界越大，行车安全度越高，但工作量和工程投资也随之增加。因此，确定一个既能保证列车运行安全，又不增大桥梁、隧道空间的经济合理的断面是制订限界的任务和目的。

一、限界的概念

限界是指列车沿固定的轨道安全运行时所需要的空间尺寸。在线路上运行的车辆必须与隧道边缘、各种建筑物及设备之间保持一定的距离，以确保列车的安全运行。当车辆在隧道内运行时，一方面隧道结构内部要有足够的空间，以供车辆通行和布设线路、各种设备；另一方面，为保证列车运行安全，凡接近线路的各种构筑物必须与之保持一定距离，各种构筑物及设备均不得侵入限界范围。合理限界的确定既要考虑保证列车运行的安全，又要考虑建设成本。

扫一扫

限界

二、限界的分类

1. 车辆限界

（1）车辆限界的概念　车辆限界是指车辆在平直线上正常运行状态下所形成的最大动态包络线，用以控制车辆制造及制订站台门的定位尺寸，如图 2-9 所示。它是根据车辆的轮廓尺寸和技术参数，并考虑其静态和动态情况下所能达到的横向和竖向偏移量，按可能产生的最不利情况而进行组合确定的。

（2）车辆限界的分类　车辆限界按隧道内外区域分为隧道内车辆限界和隧道外车辆限界；按列车运行区域分为区间车辆限界、站台计算长度内车辆限界和车辆基地内车辆限界；按所处地段分为直线车辆限界和曲线车辆限界。

2. 设备限界

设备限界是在车辆限界的基础上，在计入轨道出现的最大允许误差时，引起车辆偏移和倾斜等附加偏移量以及包括设计、施工、列车运行中难以预计的因素在内的安全预留量。设备限界是一条轮廓线，所有固定设备及土木工程的任何部分都不得侵入此轮廓线内，是保证轨道交通系统列车等移动设备在运营过程中的安全所需要的限界，如图 2-10 所示。

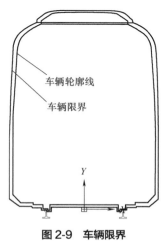

图 2-9　车辆限界

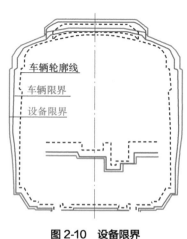

图 2-10　设备限界

3. 建筑限界

（1）建筑限界的概念　建筑限界是指在行车隧道和高架桥等结构物的最小横断面所形成的有效内轮廓线基础上，再考虑其他施工误差、测量误差和结构变形等因素，为满足固定设备和管线安装的需要而必需的限界。换言之，建筑限界以内、设备限界以外的空间主要是为各类误差、设备变形和其他管线安装所预留的空间，如图 2-11 所示。

（2）建筑限界的分类　建筑限界按线路敷设方式分为隧道建筑限界、高架建筑限界和地面建筑限界；按工程结构形式分为矩形隧道建筑限界、圆形隧道建筑限界和马蹄形隧道建筑限界。

三、限界的制订原则

限界是确定行车轨道周围构筑物净空间大小的依据，是确定管线和设备安装位置的依据，是各专业共同遵守的技术规定，它的设计应经济、合理、安全可靠。

限界应根据车辆的轮廓尺寸和技术参数、轨道特性、受电方式、施工方法、设备安装等因素进行综合分析、计算和确定。

限界一般是按平直线路的条件确定的。曲线和道岔区的限界应在直线地段限界的基础上根据车辆的有关尺寸以及不同的曲线半径、超高和道岔类型分别进行加宽和加高。因为列车车体为刚性结构，在这些区间运行时，不能随轨道而弯曲，致使车体两端向轨道外侧突出，车体中部向轨道内侧偏入，使车体与建筑物间限界净空间减少。在道岔区范围内，由于列车需通过道岔侧面的导曲线，所以建筑限界应进行平面加宽。

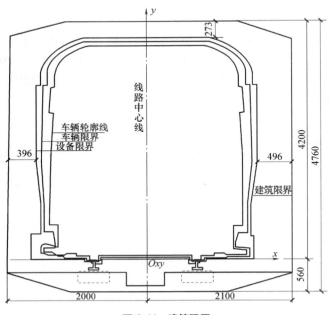

图 2-11　建筑限界

　　在制订限界时，对结构施工、测量、变形误差，设备制造和安装误差，设计、施工、列车运行过程中难以预计的其他因素在内的安全留量等应分别进行研究确定。

任务四　城市轨道交通线路分类与施工方法的认知

任务目标

　　1. 了解城市轨道交通正线、辅助线及车场线的功能。
　　2. 了解城市轨道交通工程施工方法。

知识课堂

　　线路是城市轨道交通的基础组成部分，由区间结构、车站和轨道等组成，具有规定的强度和稳定性，能保证列车持续、平稳、安全运行的整体工程结构。线路是列车运行的基础，也是城市轨道交通重要的运营设备之一。

一、线路的分类

1. 按线路敷设方式分类

城市轨道交通线路按敷设方式分为地下线、地面线、高架线和敞开式线四种。

（1）地下线　地下线是指线路置于地下或水下圆隧道中的轨道交通线路，如图2-12所示。

> 📝 **小知识**
>
> 　　该方式的优点是与地面交通完全分离，且不占城市地面空间，气候对运营基本没有影响；但需要较大的投资，较高的施工技术，较先进的管理及完善的环控、防灾措施与设备；在建设过程中会影响地面交通，运营成本较高，改造调整与线路维护都比较困难。

（2）地面线　地面线是指线路位于地面的轨道交通线路，如图2-13所示。一般采用独立路基的方式，减少与地面道路交通的互相干扰。

> 📝 **小知识**
>
> 　　该方式的优点是造价最低，施工简便，运营成本低，线路调整与维护较易；不足是占地面积较多，破坏城市道路路面，使城市道路交叉口复杂化，容易受气候影响。

图 2-12　地下线

图 2-13　地面线

（3）高架线　高架线是指线路位于高架工程结构物上的轨道交通线路，如图2-14所示。

> 📝 **小知识**
>
> 　　该方式与地面交通无干扰，造价介于地下线与地面线之间，施工、维护、管理、环控、防灾等方面都较地下线路方便；但要占用一定的城市用地，并有光源、景观、噪声等负效应，也受气候变化的影响。

（4）敞开式线　敞开式线是指由地下线过渡为地面线或高架线时（或相反）的一种过渡

形式线路，如图 2-15 所示。

图 2-14　高架线

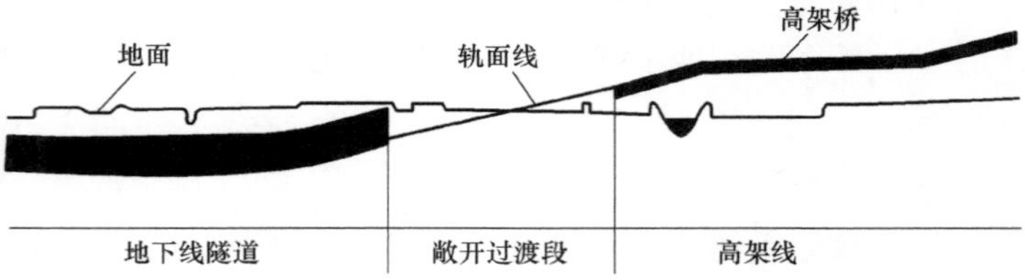

图 2-15　敞开式线

（5）线路敷设方式的一般规定

1）城市轨道交通线路敷设方式应根据城市总体规划和地理环境条件，因地制宜选定。在城市中心区宜采用地下线；在中心城区以外地段，宜采用高架线；有条件地段也可采用地面线。

2）地下线路埋设深度，应结合工程地质和水文地质条件以及隧道形式和施工方法确定；隧道顶部覆土厚度应满足地面绿化、地下管线布设和综合利用地下空间资源等要求。

3）高架线路应注重结构造型和控制规模、体量，并应注意高度、跨度、宽度的比例协调。其结构外缘与建筑物的距离应符合现行《建筑设计防火规范》（GB 50016—2014）（2018年版）等国家标准有关规定，高架线应减小对地面道路交通、周围环境和城市景观的影响。

4）地面线应按全封闭设计，并应处理好与城市道路红线及其道路断面的关系。地面线应具备防淹、防洪能力，并应采取防侵入和防偷盗设施。

2. **按其运营中的功能定位分类**

城市轨道交通线路按其运营中的功能定位分为正线、配线和车场线。

（1）正线　正线是指载客列车运营的贯穿全程的线路。正线列车运行速度高、密度大，线路标准要求高。城市轨道交通正线是全封闭线路，采用上下行双线单向行车，实施右侧行车惯例。当线路分叉时，正线可分为干线和支线，在正线上分岔以侧向运行的线路为支线，直向运行的线路为干线。

城市轨道交通正线上下行方向的界定取决于各城市规定。一般来说，南北向线路由南向北为上行方向，由北向南为下行方向；东西向线路由西向东为上行方向，由东向西为下行方向；环形线路以列车在外侧轨道线的运行方向为上行方向，内侧轨道线的运行方向为下行方向。

（2）配线　配线也称为辅助线，在运行过程中为列车提供收发车、折返、联络、安全保障、临时停车等服务功能，通过道岔与正线或相互联络的轨道线路。配线一般不行驶载客车辆，包括折返线、渡线、联络线、车辆段出入线、停车线、安全线等。

1）折返线。在线路起点站、终点站和中间折返站设置的专供列车折返掉头的线路称为折返线。城市轨道交通线路中，全线的客流分布可能会不太均匀，这时可组织区段运行，在尽端站与中间站或中间站与中间站之间进行列车折返掉头，因而需要配置折返线。视不同的折返方法，折返线可分为尽端折返线、环形折返线和渡线折返线三种。

① 尽端折返线（图2-16）。尽端折返线是指在某条线路端点处进行折返，分为单线折返、双线折返和多线折返。

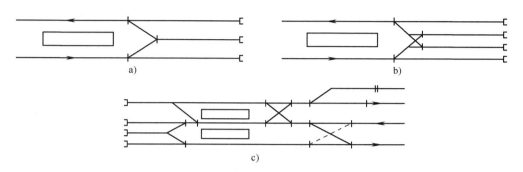

图 2-16　尽端折返线

a）单线折返示意图　　b）双线折返示意图　　c）多线折返示意图

　　② 环形折返线（图 2-17）。将端点折返作业转化为沿一个环形单线区段运行的作业，实质上将折返过程变为区间运行，有利于列车运行速度发挥，消除了因折返作业而形成的线路通行能力限制。

图 2-17　环形折返线

　　③ 渡线折返线。渡线折返线是指在车站前或后设置渡线，用以完成折返作业，主要有站前渡线折返和站后渡线折返。

　　站前渡线折返（图 2-18）：列车经站前渡线折返，列车行至终点站站台停稳，完成乘客下车作业和上车作业后，换端发车进入正线驾驶。

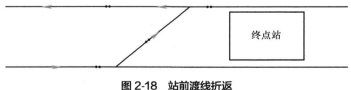

图 2-18　站前渡线折返

　　站后渡线折返（图 2-19）：当列车到达终点站清客后，再驶进站后折返线折返换端后，行驶进终点站，完成乘客上车作业后，发车进入正线驾驶。

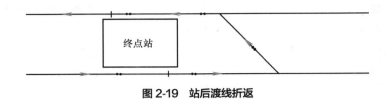

图 2-19　站后渡线折返

2）渡线。渡线是指在上下行正线之间或其他平行线路之间设置的连接线。

 小知识

　　利用渡线折返，工程量少，投资少；不足之处是占用正线作业，列车进出站与折返作业有干扰，线路通行能力下降，存在安全隐患。

渡线与尽端折返线比较见表 2-9。

表 2-9　渡线与尽端折返线比较

折 返 形 式	优 点	缺 点
渡线	结构简单，添加线路和道岔设备少；多为站前折返模式，可作为近期工程的临时过渡	因不具备存车条件，车站应变能力小；折返过程对正线行车有干扰
尽端折返线	多为站后折返模式，折返过程对正线行车干扰小；具备存车条件；可实现列车密集折返作业，调整机动、灵活性强	一般车站规模与工程量大；结构较为复杂，线路和道岔设备多

3）联络线（图 2-20）。联络线是指城市轨道交通线路之间为调动列车等作业而设置的连接线路。在城市轨道交通线网，要使同种制式的两条单独运营的线路实现列车过轨运行，需通过线与线之间的联络线来实现。联络线连接的轨道交通线路往往不在一个平面上，因此有较大的坡道与较小的曲线半径，列车运行速度不高。联络线与正线的接轨点一般靠近车站，列车不载客运行。

4）车辆段出入线（图 2-21）。车辆段出入线是指从车辆段到正线之间的连接线，专供列车进出车辆段，分为入段线和出段线。当出入线与正线发生交叉时，宜采用立体交叉方式。车辆段设置双线或单线出入线，应根据线路的远期通行能力与运营要求计算确定。

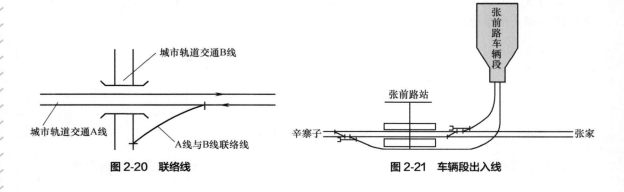

图 2-20　联络线　　　　　　　　图 2-21　车辆段出入线

5）停车线。停车线一般设置在端点站，专门用于供夜间停止运营后的列车停放，也可进行少量检修作业。停车线还应具备故障车待避和临时折返功能，为防止运营过程中故障列车影响后续列车运行，正线沿线每隔 5~6 个车站或 8~10km 应加设停车线，供临时停放故障列车。

6）安全线（图 2-22）。安全线是指为防止在车辆段出入线、折返线等行驶的列车未经允许进入正线，与正线列车发生冲突事故，在无其他列车运行隔开设备的情况下设置的线路，目的是保证列车安全、正常运行。

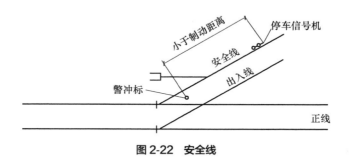

图 2-22　安全线

（3）车场线　在车辆基地内部用于停运后列车入库、检修、试车、调车等作业的线路统称为车场线，包括检修线、存车线、试车线、洗车线等。

二、线路施工方法

城市轨道交通线路施工包括车站施工和区间隧道施工。车站施工在确定位置进行，不产生位移，属于建筑物的建设范围；区间隧道施工为连通地下相邻两座车站，一般采用掘进方式进行，受工程地质、水文地质、地形地貌等因素限制。对于地面和高架车站、线路施工，与一般的建筑、城市高架道路施工方法基本一致，本书不作介绍，只介绍区间隧道施工方法。

1. 明挖法

明挖法是指先将隧道部位的岩（土）体全部挖除，然后修建洞身、洞门，再进行回填的施工方法，适用于地下线路在地下几米深时采用。

> 📝 **小知识**
>
> 　　优点是施工方法简单，技术成熟；工程进度快，根据需要可以分段同时作业；浅埋时工程造价和运营费用均较低，且能耗较小。缺点是外界气候条件对施工影响较大；施工对城市地面交通和居民正常生活有较大影响，且易造成噪声、粉尘及废弃泥浆等污染。

2. 盖挖法

盖挖法是指由地面向下开挖至一定深度后，将顶部封闭，恢复地面，整个地下工程施工在封闭的空间内进行的施工方法，分为盖挖顺作法、盖挖逆作法和盖挖半逆作法三种。

（1）盖挖顺作法　盖挖顺作法适用于路面交通不能长期中断的道路下修建地下车站或区间隧道，其施工顺序是在现有场地上，按所需宽度，由地表完成围护结构后，以定型的预制标准构件覆盖于围护结构上，形成"盖"，以维持场地的正常使用，然后往下逐层进行土方开挖及架设横撑，直至开挖到设计的底标高。然后再依序自下而上施作建筑结构主体及防水措施，即主体结构的"顺作"。待主体结构完成后，拆除临时路面系统的"盖"后回填土并恢复路面交通的使用。

（2）盖挖逆作法　盖挖逆作法是指先建造地下工程的柱、梁和顶板，然后以此为支承构件，上部恢复地面交通，下部进行土体开挖及地下主体工程施工的一种方法。

（3）盖挖半逆作法　既有盖挖顺作法做的挖土、支撑、自下而上做正式结构和拆除立柱支撑，同时，盖挖半逆作法也有盖挖逆作法的先施工正式顶板、侧墙与顶板位置施工缝处理等相同点。这种一半类似于盖挖顺作法，一半类似于盖挖逆作法的施工方法称为盖挖半逆作法。

3. 暗挖法

暗挖法是指在特定条件下，不挖开地面，在地下进行所有开挖和修筑衬砌结构的隧道施工方法，也是城市轨道交通隧道施工普遍采用的施工方法。暗挖法对城市交通、环境的影响降到极限，但造价昂贵。主要有以下几种方法：

（1）钻爆法（新奥法）　钻爆法是指采用钻探、爆破的方法进行隧道开挖，然后进行喷锚支护、灌注衬砌等一系列后续施工的方法，常用于坚硬岩石地层。即以喷射混凝土、钢筋网、钢架和锚杆作为主要支护手段，充分发挥围岩的自承能力，使其与支护结构成为一个完整的支护体系。新奥法是目前广泛采用的方法，对地面干扰小，工程投资也相对较小。

（2）浅埋暗挖法（矿山法）　浅埋暗挖法是指利用土层在开挖过程中短时间的自稳能力，采取适当的支护措施，使围岩或土层表面形成密贴型薄壁支护结构的施工方法，适用于黏性土层、砂层、砂卵层等地质条件。这种施工方法工作面小而不能使用大型的凿岩钻孔设备和装卸运输工具，故施工进度慢，建设周期长，机械化程度低，耗用劳力多，难以适应建设工期的需要。

（3）盾构法　盾构法是指利用盾构机的盾壳作支护，前端刀盘切削土体，液压千斤顶顶推盾构机前进，在开挖面上拼装预制好的管片作衬砌，从而形成隧道的施工方法，是目前最先进的地铁区间挖掘隧道的方法。盾构法施工易于管理，施工人员少，工作环境好，同时还具有衬砌精度高、质量可靠、防水性能好、地表沉降小、不影响城市交通等优点。缺点是施工设备复杂，断面形式变化不灵活，盾构选型与地层条件密切相关等。

（4）沉管法　沉管法是指将隧道管段分段预制，分段两端设临时止水头部，然后浮运至隧道轴线处，沉放在预先挖好的地槽内，完成管段间的水下连接，移去临时止水头部，回填基槽保护沉管，铺设隧道内部设施，形成完整的水下通道的施工方法。施工顺序是先在船台上或干坞中制作隧道管段，管段两端用临时封墙密封后滑移下水或在坞内放水，使其浮在水中，再拖运到隧道设计位置。定位后，向管段内加载，使其下沉至预先挖好的水底沟槽内，管段逐节沉放，并用水力压接法将相邻管段连接，最后拆除封墙，使各节管段连通成为整体的隧道，在其顶部和外侧用块石覆盖以保安全。

 小知识

　　沉管法的优点：对地质条件的适应性强、隧道的覆盖层薄，从而使隧道总长度减小，隧道断面利用率高，防水可靠度高，施工周期短及工程造价合理等。

（5）顶管法　顶管法是指在地面开挖的基坑井中安放管节，然后通过主顶千斤顶或中继间的顶推机械将管节从工作井中预留口穿出，穿越土层到达接收井，并从接收井的预留口穿出，形成区间隧道的施工方法。

任务五 城市轨道交通轨道结构的认知

任务目标

掌握城市轨道交通轨道结构组成及功能。

知识课堂

轨道结构是城市轨道交通系统的重要组成部分，直接承受列车荷载，并引导列车运行。路基面或结构面以上的线路部分称为轨道结构，主要由钢轨、轨枕、道床、道岔及轨道加强部件等组成。在列车荷载作用下，轨道结构应具有足够的强度、稳定性、耐久性及适量弹性，保证列车按照规定的速度，安全、平稳、不间断地快速运行，并保证乘客舒适。

城市轨道交通列车采用电力牵引，要求轨道结构具有良好的绝缘性能以减少杂散电流。根据环境保护对沿线不同地段的减振降噪要求，轨道结构应采用相应的减振结构。

一、钢轨

钢轨是指两条直线形呈平行分布的，安装在轨枕或路基之上由钢铁材料制成的金属构筑物，是轨道结构最重要的组成部件，由轨头、轨腰和轨底三部分构成。

1. 钢轨的作用

（1）直接承受列车荷载，并将荷载传递给轨枕　钢轨的受力工况十分复杂，为保证列车的安全运行，钢轨要有足够的强度和韧性来承受复杂的应力作用，足够的刚度来抵御弯曲和扭转等变形，足够的硬度来抵抗磨耗；为了减轻车辆对钢轨的动力冲击作用，防止轨道交通车辆走行部分及钢轨的折损，还要求钢轨具有必要的弹性。

（2）引导机车车辆行驶，起导向作用　钢轨依靠其头部内侧面和机车车辆轮缘之间的相互作用来引导列车运行。

（3）作为供电回路和通信线路的导体　在电气化的线路上，钢轨还要兼作供电接触网的回流线路；在信号方面钢轨还是轨道电路的载体。

2. 钢轨的分类

不同的城市轨道交通线路对钢轨的强度、稳定性、耐磨性及铺设形式有不同的要求，因而钢轨也有不同的种类和规格。

（1）按钢轨断面形状分类　钢轨按钢轨断面形状分为槽形钢轨、双头钢轨和宽底钢轨三种，如图2-23所示。槽形钢轨轨头形成凹槽，多用于有轨电车和轻轨线路，铺设时路面与钢轨轨面一般在同一平面；双头钢轨轨头和轨底大小、形状一样，目前很少见；宽底钢轨截面形式为工字形，力学性能优良、侧向刚度大、抗弯能力强，在世界范围内被广泛采用。

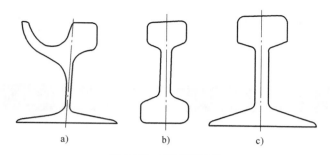

图 2-23 钢轨断面形状
a）槽形钢轨 b）双头钢轨 c）宽底钢轨

（2）按钢轨强度分类 钢轨强度即每米钢轨所含质量，可分为75kg/m、60kg/m、50kg/m、45kg/m、43kg/m和38kg/m等类型，不同运量的线路采用不同类型的钢轨。城市轨道交通系统正线一般采用60kg/m以上规格的钢轨，车场线多采用较轻的50kg/m或43kg/m钢轨。为了提高线路通行能力，城市轨道交通有选用重型钢轨的趋势。

（3）按单根钢轨长度分类 钢轨按单根钢轨长度分为标准轨、标准缩短轨和短尺轨。标准轨长度有12.5m、25m、50m、100m四种；标准缩短轨是为了使曲线上钢轨内外股接头对接，而在工厂内特制的钢轨。

（4）按钢轨化学成分分类 钢轨按钢轨化学成分分为普通碳素钢轨和低合金钢轨两种。低合金钢轨抗拉强度、韧性、耐磨性均强于普通碳素钢轨，城市轨道交通大多采用低合金钢轨。

3. 轨距

轨距是指钢轨顶面16mm范围内两股钢轨之间的最小距离，如图2-24所示。其测量方法为两条钢轨轨头内侧垂直平面间的距离。

图 2-24 轨距

目前全世界有30多种不同的轨距，分为普轨、宽轨、窄轨。国际铁路协会在1937年确定1435mm为标准轨即普轨（等于英制的4英尺8½英寸），普轨又称为标准轨距或国际轨距，比标准轨宽的轨距称为宽轨，比标准轨窄的称为窄轨。

4. 钢轨的联结零部件

联结零部件是用来连接钢轨与钢轨、钢轨与轨枕的部件，钢轨必须通过联结零部件才能固定在轨枕上，钢轨之间也需要联结零部件连成整体。

（1）钢轨接头 在钢轨铺设时，普通有缝线路将标准轨用联结零部件进行连接。为适应钢轨热胀冷缩的需要，钢轨之间需预留一定的缝隙，称为预留轨缝。有缝线路钢轨之间用夹板和螺栓将钢轨与钢轨的端部连接，称为钢轨接头。接头部位共同承受弯矩和横向力，并利用接头夹板与钢轨之间的摩擦力，将轨缝控制在一定限度内。

钢轨接头主要由接头夹板、螺栓及扣件组成，如图2-25所示。接头夹板，又称为鱼尾板，是钢轨接头处连接钢轨用的夹板，标准形式为优质钢轧制的六孔双头式，适用于 38~75kg/m 钢轨。接头螺栓使接头夹板同钢轨夹紧，以保持钢轨接头的整体性和强度。垫圈有弹簧垫圈和高强度平垫圈两种，作用是改善螺母与接头夹板间的受力状态，并防止螺母松动。

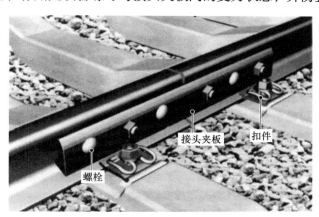

图 2-25　钢轨接头

　　无缝线路是把标准长度的钢轨焊接而成的长钢轨线路，又称为焊接长钢轨线路。无缝线路接缝大大减少，可消除列车通过接头区的冲击力，从而减少振动，还可降低轮轨噪声。无缝线路分为温度应力式和放散温度应力式两种，目前，世界各国绝大多数均采用温度应力式无缝线路。

　　（2）中间联结零部件　中间联结零部件又称为中间扣件，简称扣件。扣件是钢轨与轨枕或其他轨下基础连接的重要联结零部件，其作用是将钢轨固定在轨枕上，保持轨距并阻止钢轨的横纵向移动，并能提供适当的弹性。扣件（图 2-26）主要由钢轨扣压件和轨下垫层两部分组成，国内城市轨道交通使用的扣件大致有传统扣件、DT 系列扣件、WJ 系列扣件、弹簧扣件和减振扣件等类型。

二、轨枕

　　轨枕是轨道结构的基础部件，承垫于钢轨之下，其功能是支撑钢轨，保持轨距和方向，并将钢轨所承受的压力和应力分散传递到道床上，如图 2-27 所示。轨枕有必要的坚固性、弹性和耐久性，有抵抗纵向和横向位移的能力。使用扣件把轨枕和钢轨连在一起形成"轨道框架"，增加了轨道结构的横向刚度。

图 2-26　弹条式扣件

图 2-27　轨枕

根据不同的分类标准，轨枕可以分为多种类型。按照制造材料分为木枕、钢筋混凝土枕、钢枕、塑料轨枕等，如图 2-28 所示；按构造分为横向轨枕、纵向轨枕、短轨枕和宽轨枕等；按铺设位置分为区间线路的普通轨枕、道岔区的岔枕和桥枕等。

图 2-28　不同材料的轨枕

轨枕类型的选择随轨距、道床种类、使用处所不同而异。地铁正线隧道内的线路一般采用短轨枕或无轨枕的整体钢筋混凝土道床，车场线、道岔范围内采用普通钢筋预应力混凝土轨枕，木枕已极少采用。

三、道床

道床是指路基、桥梁或隧道等下部结构之上，钢轨、轨枕之下的碎石、卵石层或混凝土层，是钢轨或轨道框架的基础，其断面形状一般为上窄下宽的梯形，如图 2-29 所示。

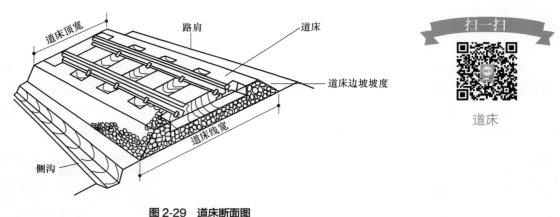

图 2-29　道床断面图

扫一扫

道床

1. 道床的作用

道床的主要作用是支撑轨枕，把来自轨枕上部的巨大荷载均匀地传布到路基面上，以减少路基的变形。道床依靠本身和轨枕间的摩擦，起到固定轨枕位置阻止轨枕纵向或横向移动的作用。具体表现为：

（1）分压　将来自轨枕的巨大荷载分散并传于路基，使路基面的应力均匀并小于其容许最大强度。

（2）约束轨道框架 提供道床阻力以约束轨道框架，保持轨道的方向和高低等几何形位。

（3）增弹减振 提供轨道所需要的弹性和阻尼，减弱列车通过时产生的振动，避免过大的动作应力传到路基等下部结构上。

（4）排水 道床使用的透水性材料可提供良好的排水性能，对减轻轨道冻害及提高路基的承载能力有重要的作用。

（5）方便维修养护 轨道在行车中产生的不平顺及方向不良等情况可以通过道床维护方法加以整治。

2. 道床的类型

道床主要有碎石道床和整体道床两种，城市轨道交通地面线多采用碎石道床，地下线、高架线和地面车站多采用整体道床。

（1）碎石道床 碎石道床也称为有砟道床，结构简单，施工容易，造价低，减振降噪效果好。但轨道高度高，易造成高架结构地板下降，隧道净空加大，排水设施复杂，养护工作量大。城市轨道交通地面线及停车场道岔区域一般采用碎石道床。

（2）整体道床 整体道床又称为混凝土整体道床，也称为无砟道床，是城市轨道交通常用的道床形式。其特点是整体性好，坚固、稳定、耐久；轨道建筑高度小，减少了隧道净空，维护工作量少，适应城市轨道交通系统运营时间长、维修时间短的特点。但整体道床弹性差，列车运行引起的振动、噪声较大，造价高，施工周期长。整体道床主要有无枕式整体道床、轨枕式整体道床、弹性整体道床等类型。

1）无枕式整体道床（图2-30a）。该类道床没有专门的轨枕，将扣件或扣件预埋件直接埋设于钢筋混凝土结构内。

2）轨枕式整体道床（图2-30b）。轨枕式整体道床分为短枕式和长枕式两种。短枕式整体道床横断面为梯形，底部外露钢筋钩，以加强道床混凝土的联结。这种道床稳定、耐久、结构简单、造价低，施工速度快。长枕式整体道床的长轨枕预留圆孔，道床用纵向钢筋穿过，加强了与道床的联结，使道床更坚固、稳定和整洁美观。

a) b)

图2-30 整体道床

3）弹性整体道床。目前国内使用的弹性整体道床为浮置板式整体道床，即在浮置板下面及两侧设有橡胶垫，使列车的振动尽量不传给周围地层，减振效果明显，但车内振动和噪声较大。

3. 无砟轨道

无砟轨道是指采用混凝土、沥青混合料等整体基础取代散粒碎石道床的轨道结构，如图 2-31 所示。无砟轨道由钢轨、扣件、单元板组成，轨枕由混凝土浇筑而成，起减振减压作用。无砟轨道是当今世界先进的轨道技术，可以减少维护工作、降低粉尘、美化环境，比较舒适且适合列车高速行驶。

无砟轨道要求钢轨具有较高的强度和承载能力，在车辆荷载及其他荷载作用下，不会发生损伤破坏；具有良好的抗磨耗性能，能长期保持良好的断面形状，维持轮轨良好的接触状态；具有良好的韧性、可焊性、加工性能等。要求扣件具有合理、均衡、稳定的弹性，足够的调高能力、绝缘电阻及纵向节点阻力。

图 2-31　无砟轨道

四、道岔

列车车辆由一股道线路转入另一股道线路的连接设备称为道岔。道岔是轨道结构的重要组成部分，通常在车站、编组站大量铺设，可以充分发挥线路的通行能力。道岔具有数量多、结构复杂、使用寿命短、限制列车速度、影响行车安全和养护维修投入大等特点，与曲线、接头并称为轨道结构的三大薄弱环节。

扫一扫

道岔

1. 道岔的构成

道岔主要由转辙器、连接部分、辙叉部分及护轨等组成，如图 2-32 所示。

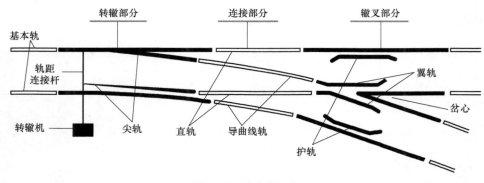

图 2-32　道岔的组成

（1）转辙器　转辙器包括转辙机、尖轨、轨距连接杆、转辙拉杆及其他零部件，通过转辙器可使尖轨移向直股或侧股轨道，从而实现车辆转线。

1）转辙机。转辙机是指用以可靠地转换道岔位置，改变道岔开通方向，锁闭道岔尖轨，反映道岔位置的重要的信号基础设备，它可以很好地保证行车安全，提高运输效率，改善工作人员的劳动强度。

2）尖轨。尖轨是两条可以水平移动的钢轨，用来引导车轮进入导轨，依靠尖轨的扳动，将列车引入直股或侧股轨道。

3）轨距连接杆。位于两条尖轨间，用来维持两条尖轨距离，并加强尖轨间的联系，以提高尖轨的稳定性。

4）转辙拉杆。用来控制尖轨位置转换的拉杆，与转辙机相连，以实现尖轨的摆动。

（2）连接部分　连接转辙器和辙叉部分的轨道为道岔的连接部分，用来引导车轮进入辙叉的一组或多组轨道，包括直线导轨和曲线导轨，其结构和一般线路基本相同。

（3）辙叉部分　辙叉是用来引导车轮准确地进入岔心的一组钢轨，由岔心、翼轨、护轨和联结零部件组成。岔心又称为辙叉心，用来连接两边轨道的钢轨。翼轨是在内侧轮轨紧邻岔心处设置的钢轨，翼轨与岔心间形成必要的轮缘槽，引导车轮行驶。按平面形式划分，辙叉有直线辙叉和曲线辙叉两类；按构造划分，辙叉有固定式辙叉和可动式辙叉两类。

（4）护轨　防止车轮在岔心处因轮缘有可能走错辙叉槽而引起脱轨或进错线路而在固定辙叉两侧设置的钢轨。

2. 道岔的类型

道岔主要有单开道岔、双开道岔、三开道岔、交分道岔及菱形道岔等类型，城市轨道交通线路最常见的是普通单开道岔。

（1）单开道岔　单开道岔是指主线为直线，侧线为主线的左侧或右侧分支的道岔，如图2-33所示。

（2）双开道岔　双开道岔又称为对称道岔，呈Y形，即与道岔相衔接的两股轨道向两侧分岔，如图2-34所示。

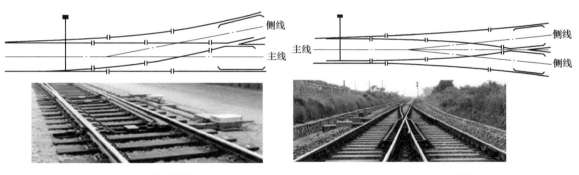

图2-33　单开道岔　　　　　　　　　　图2-34　双开道岔

（3）三开道岔　三开道岔可同时衔接三股轨道，由两组转辙机操纵两套尖轨组成，如图2-35所示。

（4）交分道岔　交分道岔又称为多开道岔或复式交分道岔，呈X形，如图2-36所示。

（5）菱形道岔　菱形道岔由两组锐角辙叉和两组钝角辙叉组成，没有转辙器，所以股道之间不能转线，如图2-37所示。

3. 道岔的扳动方式

（1）电动扳动　电动扳动是指依靠电动机的动力来推动转辙拉杆，从而扳动尖轨的扳动方式。这种设计的好处是转辙工作可以由计算机或人手遥距控制，并能借着联锁电路监控道岔的开通方向，使控制更为自动化和安全。

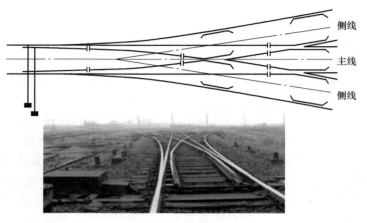

图 2-35 三开道岔

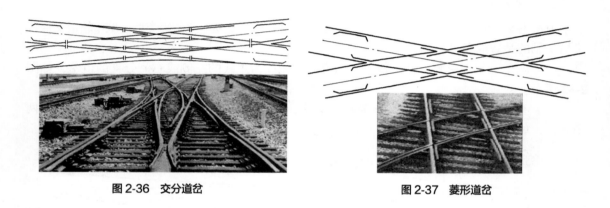

图 2-36 交分道岔   图 2-37 菱形道岔

（2）手动扳动　手动扳动是指利用人力借杠杆去扳动尖轨的扳动方式。这种扳动方式只在特殊情况下采用，如遇故障或维修时。

4. 道岔的代号

道岔各有其代号，比如6号、7号、9号、12号、18号道岔。道岔代号实际代表辙叉角的余切值，辙叉角越小，道岔的号数越大，导轨曲线半径也就越大。因此，采用大号道岔对列车运行是有利的。但道岔号数越大，道岔越长，造价越高，占地面积大。城市轨道交通正线、配线和试车线一般采用不小于9号的各类道岔，车场线咽喉区采用不大于7号的各类道岔，车辆段一般采用7号道岔。

五、轨道加强部件

轨道加强部件用于轨道结构加强，主要有防爬设备、轨撑、轨距杆等。

1. 防爬设备

列车运行时，常常产生作用在钢轨上的纵向力，使钢轨做纵向移动，有时甚至带动轨枕一起移动。这种纵向移动叫作爬行。线路爬行往往引起轨缝不匀、轨枕歪斜等现象，对线路的破坏性很大，危及行车安全。因此，必须采取有效措施来防止爬行，通常采用防爬器和防爬撑（图 2-38）来防止线路爬行。

　　防爬器用穿销固定于钢轨底部，挡板顶住轨枕侧面，协助扣件限制钢轨与轨枕间的纵向位移。因单根轨枕下的道床阻力十分有限，不能承担钢轨通过防爬器传来的纵向力，常采用防爬撑将数根轨枕连成一体，以达到共同抵抗钢轨纵向力的目的。防爬撑由木料或石料制成，沿线路纵向连续在数个轨枕间顶紧防止轨道爬行，尽可能减少轨缝不均匀、轨枕歪斜等线路病害。

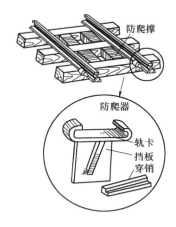

图 2-38　防爬器与防爬撑

2. 轨撑和轨距杆

　　轨撑和轨距杆都是限制轨距动态扩大的轨道框架加强设备，是木枕线路上不可缺少的设备，也是小半径混凝土枕线路上有效的加强设备，轨撑和轨距杆往往配合使用，如图 2-39所示。

　　1）轨撑主要用于曲线地段的轨道加强，安设于两股轨道外侧。轨撑下部扣压钢轨底部，起到扣件的作用；上部顶住轨头下颚，限制钢轨向外倾斜。

　　2）轨距杆两端固定于轨底，位于两条钢轨间，用来维持两条钢轨距离，并加强轨间的联系，以提高钢轨的稳定性。

图 2-39　轨撑和轨距杆

复习与思考

1. 简述城市轨道交通线路曲线半径、坡度大小对行车的影响。
2. 简述线网规模的确定方法。
3. 简述限界的分类及特点。
4. 简述轨道结构的组成及功能、轨道框架的含义。
5. 简述道岔的组成及扳动方式。

项目三

城市轨道交通车站与车站设备

项目导入

　　车站是城市轨道交通系统中的重要建筑物，是城市轨道交通系统重要组成部分，也是城市轨道交通设备集中地。为给乘客提供安全、便捷、舒适的乘车环境，保证城市轨道交通高效安全地运行，车站应设哪些设备？城市轨道交通车站有哪些类型及特征？城市轨道交通车站的布局应怎样？换乘具有什么特点？本项目将回答这些问题。

任务一　城市轨道交通车站概述的认知

任务目标

1. 了解城市轨道交通车站的分类、设置及站位选择。
2. 熟悉岛式、侧式及岛侧混合式车站的特点。

知识课堂

　　城市轨道交通车站是吸引和疏散客流，供乘客上下车、换乘和候车的场所，也是列车到发、通过及临时停车的地点，还是站务员、值班员等站务人员的工作场所。此外，城市轨道交通车站还可以从车站建筑形式、站内艺术气息等方面彰显地域文化。车站的选址、布置、规模等对城市轨道交通系统的运营效果有着重要意义。

一、车站的分类

1. 按车站所处位置分类

城市轨道交通线路敷设方式主要有地下、地面和高架三种，与之对应的是，车站按所处位置分为地下车站、地面车站和高架车站。

（1）地下车站　车站结构位于地面以下，地铁车站大多为此种类型。

（2）地面车站　车站结构位于地面以上，有轨电车、轻轨、单轨等车站为此种类型。

（3）高架车站　车站结构高架于地面以上，轻轨、单轨、磁浮等车站大多为此种类型。

扫一扫

车站分类

2. 按车站地下埋深分类

（1）浅埋车站　浅埋车站一般采用明挖法或盖挖法施工，钢轨顶面至地表距离在20m以内。

（2）深埋车站　深埋车站一般采用暗挖法施工，钢轨顶面至地表距离在20m以上。

3. 按车站运营性质分类

城市轨道交通车站按运营性质主要分为中间站、区域站、换乘站和端点站。

（1）中间站（一般站）　中间站一般仅供乘客上下车，功能单一，是城市轨道交通线网中数量最多的车站，如图3-1a所示。

（2）区域站（折返站）　区域站兼有中间站的功能，设在两种不同行车密度交界处的车站，设有折返线和折返设备，可用于列车折返，如图3-1b所示。

（3）换乘站　换乘站设在两条及其以上线路的交会地点，除供乘客上下车具有中间站的功能外，还供乘客由一条线路的列车换乘到另一条线路的列车上去，如图3-1c所示。换乘站的分布和换乘方式的灵活性对整个城市轨道交通网络功能的发挥十分重要。

（4）端点站（起点站、终点站）　端点站是指线路两端的车站，除供乘客上下车外，通常还具有列车折返、停留或临时检修等运营功能。就列车上行、下行而言，端点站也是始发站。端点站设有可供列车全部折返的折返线和设备，也可供列车临时停留检修。如线路远期延长后，则端点站变为中间站。

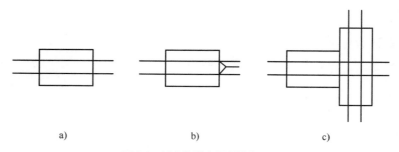

图3-1　城市轨道交通车站的类型

a) 中间站　b) 区域站　c) 换乘站

4. 按车站站台形式分类

（1）岛式车站（图3-2）　岛式车站是指站台位于上、下行行车线路之间的站台布置形式。岛式车站是常见的一种车站站台形式，具有站台面积利用率高、能调剂客流、乘客中途改变乘车方向方便、车站管理集中、站台空间宽阔等优点，常用于客流量较大的车站。

（2）侧式车站（图3-3）　侧式车站是指站台位于上、下行行车线路两侧的站台布置形式，侧式车站站台上、下行乘客可避免互相干扰，造价低，改建容易；站台面积利用率低，不可调剂客流，乘客中途改变乘车方向不方便。

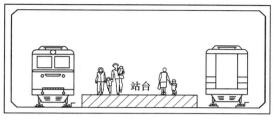

图 3-2　岛式车站

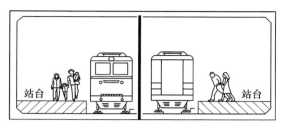

图 3-3　侧式车站

（3）岛侧混合式车站（图 3-4）　将岛式站台及侧式站台同设在一个车站内，具有这种站台形式的车站称为岛侧混合式车站。其主要用于两侧站台换乘或列车折返，站台可布置成一岛一侧式或一岛两侧式。岛侧混合式车站造价高，管理复杂，一般不宜采用。

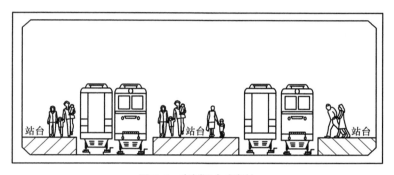

图 3-4　岛侧混合式车站

二、车站的设置

1. 设置原则

1）站点选址要满足城市规划、城市交通规划及城市轨道交通线网规划的要求，并综合考虑该地区的工程地质、水文地质条件，尽量减少地下管线、地面建筑物的拆迁及改造，尽可能避免施工对地面交通的干扰。

2）车站总体设计要注意与城市景观、地面建筑规划相协调，有助于美化城市环境，提升城市整体形象。

3）车站设计应满足客流需求，并应保证乘降安全、疏导迅速、布置紧凑、便于管理，同时应具有良好的通风、照明、卫生和防灾等设施。

4）车站的规模及布局设计要满足线网远期规划的要求，站台长度、宽度、容量必须满足远期的乘客乘降和疏散要求，站厅、站台、出入口通道、楼梯、自动扶梯和售票口、检票口等部位的通行能力，应按该站超高峰设计客流量确定。

5）应根据车站特点，结合场地地形、地理环境及地面规划，选择合适的车站形式，因地制宜布置车站各类设备与管理用房，减少用地面积及空间规模，合理地进行地下、地面空间综合开发。

6）充分考虑车站与其他轨道交通线路、地面公交等换乘衔接，选择合理便捷的换乘方式，对近远期工程进行统一规划设计。

2. 车站的设置

（1）乘客出行时间 车站设置数目的多少，直接影响乘客出行时间。

> 📝 **小知识**
>
> 车站多，乘客步行到站距离短，节省步行时间，可以增加短程乘客的吸引量；车站少，提高了交通速度，减少乘客乘车的时间，可以增加线路两端乘客的吸引量。

（2）站间距 车站设置数目的多少，直接影响车站间距。实际上，一条城市轨道交通线路上的各个车站的站间距往往是不同的。市中心城区车站间距一般为 1km 左右，郊区站间距一般为 2km 左右，区域快线站间距可达 4km 以上。

三、车站站位的选择

车站按纵向分为跨路口、偏路口一侧和两路口之间三种位置选择，按横向分为道路红线内外两种位置选择，如图 3-5 所示。

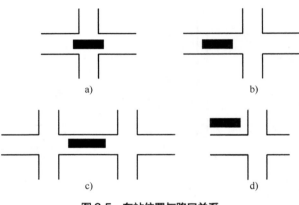

图 3-5 车站位置与路口关系

1. 跨路口站位

车站站位横跨主要路口，并在路口的各个角上都设有出入口，乘客从路口的任何方向进入车站均不需过马路，提高了乘客的安全性，减少了路口的人、车交叉，与地面公共交通衔接好，乘客换乘方便，如图 3-5a 所示。

2. 偏路口站位

车站不易受路口地下管线影响，减少车站埋深，方便乘客使用，减少施工对路口交通的干扰，减少地下管线拆迁，降低工程造价。在高寒地区，当轨道交通为高架线时，可以减少高架桥体阴影对路口交通安全的影响。不足之处是乘客集中于车站一端，降低车站的使用效能，增加运营管理上的困难，如图 3-5b 所示。

3. 两路口之间站位

当两路口都是主路口且相距较近，横向公交线路及客流较多时，可将车站设于两路口之间，以兼顾两路口，如图 3-5c 所示。

4. 道路红线外侧站位

一般在有利的地形条件下采用道路红线外侧，如图 3-5d 所示。当基岩埋深浅、区间可用矿山法暗挖道路红线外侧有空地或危旧房区改造时，车站站位可以与危旧房改造相结合，将车站建于红线外侧的建筑区内，可以少破坏路面，少动地下管线，减少交通干扰，充分利用城市土地。

四、车站规模

车站规模主要是指车站站台外轮廓尺寸、层数及用房面积的大小等，其规模大小主要根据车站远期预测高峰客流量确定，并综合考虑车站所处位置的重要性、站内设备和管理用房面积及该地区远期发展规划等因素。车站规模的大小将直接影响工程造价的高低。规模过大，投资太高；规模不足，满足运营的需要期限短，影响运营功能且日后改建困难。车站规模一般分为三个等级，其适用范围见表3-1。

表3-1　车站规模等级适用范围

车 站 规 模	适 用 范 围
大型车站	适用于客流量大、地处大型客流集散点及地理位置重要的车站
中型车站	适用于客流量较大、地处市中心或较大的居住区的车站
小型车站	适用于客流量不大、地处郊区的车站

五、车站无障碍设施

地铁车站为乘客服务的各类设施，均应满足无障碍通行要求，并应符合现行国家标准《无障碍设计规范》（GB 50763—2012）相关规定。车站应设置无障碍电梯，无障碍电梯宜设于付费区内，检票口应满足无障碍通行需要。无障碍电梯门前等候区深度不宜小于1.8m，当条件困难时等候区电梯门可正对轨道区，但门前等候区不得侵占站台计算长度内的侧站台宽度。无障碍电梯井出地面部分应采取防淹措施，电梯平台与室外地面高差处应设置坡道，并应符合现行国家标准有关规定。车站内设置的无障碍通道应与城市无障碍通道衔接，车站内应设置无障碍厕所。

六、车站文化

1. 车站建筑形式

车站是空间、光和结构三者协调的一门艺术。与其他建筑物相同，城市轨道交通车站是由物质实体及其所包围的空间组成，属于城市建筑的组成部分，车站建筑必须与城市建筑和街道等协调，相辅相成。对于地下车站而言，车站的建筑形式单一；对于地面车站和高架车站而言，建筑形式多样化，可以充分体现当地文化特色。

（1）古典风格　一般使用木材、石料、砖等传统建筑材料，其特点是内外墙面、柱及屋顶等各部分都有复杂的装饰、彩画、雕刻。古典风格可以创造富丽堂皇的宫廷建筑形式，适合使用在具有历史保护价值的古建筑群内或附近建设的车站，显示车站建筑对历史的尊重。

（2）现代风格　一般采用钢、混凝土、玻璃、有机材料等建筑材料，其特点是墙面、柱、顶等部分的装饰简洁明快。现代风格忽视传统，追求技术运用的效果，如玻璃的透明、混凝土的可塑性、钢的清秀，强调材料的质感、色彩、纹理，时代感强，适合现代快节奏社会人们的审美情趣。

（3）民族风格　一般体现在形象方面，每个民族都有其文化特点和审美情趣。车站建筑要尊重使用者的民族审美特点，尽量做到既能为乘客乘车提供良好的文化环境，又能为车站建筑本身增添特色。

（4）个人风格　在建筑设计中，设计师发挥着重要作用。设计师本人具有的特定民族、地域、时代和文化背景，其作品不仅反映这些民族、时代的特点，还要反映由其本人的特定经历所决定的个人风格。

2. 站内艺术气息

随着城市规模的不断扩大，居民需要花费在出行上的时间越来越长。城市轨道交通系统因其具有速度快、正点率高、运量大等特点，已成为绝大多数居民首选的城市公共交通工具。

在车站有限的空间内，如何让乘客不感到压抑呢？地下车站，完全靠人工采光，如何让乘客与现实社会沟通呢？如何让人在地下空间中不感到乏味、单调呢？为解决此类问题，越来越多的城市采用壁画、雕塑、艺术展品、诗歌、公益宣传画廊和视频等文化和艺术手法来装饰车站，城市轨道交通车站已成为一个集交通、商业和艺术为一体的"地下世界"，如莫斯科地铁里的巨幅壁画、巴黎地铁里的文物和伦敦地铁里的现代艺术品等，其中莫斯科地铁车站被誉为"最美地下宫殿"（图3-6）。

图 3-6　莫斯科地铁车站

任务二　城市轨道交通车站平面布置的认知

任务目标

1. 熟悉城市轨道交通车站的构成及平面布局。
2. 掌握站厅层、站台层乘客服务设施设备的特点及操作。

城市轨道交通车站平面布置主要根据车站所在地周围的环境条件、运营要求、车站类型等因素确定车站中心位置及外轮廓范围，合理布设车站出入口通道、通风井等设施，同时处理好车站、出入口及通道、通风井与城市建筑物、道路交通、地下过街道或天桥、公共绿地等的关系，相互协调。

一、车站建筑设施的构成

按照车站的使用功能，城市轨道交通车站建筑设施由车站主体、出入口及通道、通风亭（通风井）、其他附属建筑等组成，如图3-7所示。主要分为两大部分：一部分是与乘客直接有关的公共区域，如站厅层、站台层、出入口及通道等；另一部分是涉及车站运行的技术设备用房及管理用房。

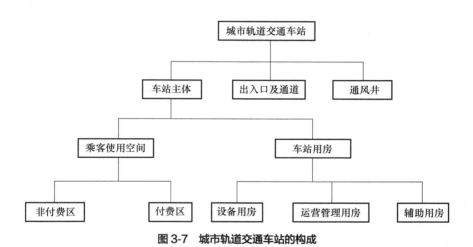

图3-7 城市轨道交通车站的构成

1. 车站主体

车站主体是列车在线路上的停车点，不仅供乘客上下车、换乘、候车等使用，也是城市轨道交通运营设备设置的中心和办理乘客相关业务的地方，通常划分为乘客使用空间和车站用房两大区域。

（1）乘客使用空间 根据功能需要，乘客使用空间分为非付费区和付费区。非付费区是指乘客购票并正式进入车站前的活动区域，空间较宽敞，主要有售检票、信息查询及安全检查等设备设施；付费区是指乘客通过自动检票机后进入的区域，包括站台、楼梯、自动扶梯、导向标识等设备设施。

乘客使用空间在车站设计中占有重要地位，对车站类型、平面布置、结构横断面形式、功能是否合理、面积利用率、客流路线组织等都有较大的影响，设计时要注意客流流线的合理性，以保证乘客方便、快捷地出入车站。

（2）车站用房 车站用房区域包括设备用房、运营管理用房和辅助用房，应根据运营管理需要来设置车站用房，车站要尽可能减少用房面积，只配置必要的房间，以降低投资。

1）设备用房是为保证列车正常运行、保证车站内环境条件良好及事故灾害情况下及时排除灾情所需要的用房，包括环控机室、变电所控制室、通信机械室、污水泵房、配电室等。

2）运营管理用房是车站工作人员使用的办公用房，主要包括车站控制室、票务室、客服中心、值班站长室等。

3）辅助用房是为了车站内部工作人员的正常工作生活所设置的用房，主要包括卫生间、更衣室、休息室、茶水间、医务室、备品库等。

2. 出入口及通道

出入口及通道是供乘客进出车站的建筑设施。

3. 通风亭（通风井）

为保证地下车站具有舒适的乘车环境，必须设置通风亭（通风井），以保证空气流通。

二、车站布置

1. 车站总体布置的要求

城市轨道交通车站总体布置应根据线路特征、运营要求、地上和地下周边环境及车站与区间采用的施工方法等条件确定，可采用地下多层、地下一层、地面、高架一层、高架多层等形式。从实际情况来看，当前城市轨道交通车站多采用地下多层岛式结构。依平面位置，车站可分为地面层、站厅层和站台层。

2. 车站平面布置的原则

城市轨道交通车站平面布置应根据车站规模、类型及总平面布置，合理组织客流线路，划分功能分区。

1）进出站客流线路和换乘客流分开，尽量避免交叉和相互干扰。

2）乘客购票、问询及使用公用设施时，不应妨碍客流通行。

3）车站的站厅、站台、出入口及通道、升降设备、售票口、检票口等部位的通行能力应相互适应，通行能力应按远期高峰客流量确定。

4）有噪声源的房间应远离有隔声要求的房间及乘客使用区，对高音质要求的房间需采取隔、吸声措施。此外，车站还应考虑防灾设计和无障碍设计。

5）当城市轨道交通车站与城市建筑物合建时，城市轨道交通客流应自成体系。

三、地面

对城市轨道交通地面车站而言，站厅和站台均设在地面；对高架车站来说，站厅位于地面；对地下车站，地面主要有出入口、通风亭、冷却塔等建筑设施。

1. 出入口

出入口是乘客进出车站的咽喉，被视为"生命线"，其位置的选择、规模大小，应满足城市规划和交通的要求，并能方便乘客进出站。《地铁设计规范》（GB 50157—2013）规定：车站出入口的数量，应根据吸引与疏散客流的要求设置。每个公共区直通地面的出入口数量不得少于2个，且必须位于车站两端，每个出入口宽度应按远期或客流控制器分向设计客流量乘以1.1~1.25不均匀系数计算确定。

（1）车站出入口设置要求

1）车站出入口布置应与车站主客流方向一致，一般选在城市道路两侧、交叉口及有大量客流的广场附近。出入口宜分散均匀布置，以便最大限度地吸引乘客。

2）车站出入口应尽可能与城市过街地道、天桥、地下街、邻近公共建筑物相结合或连通，以方便乘客，减少用地和拆迁，节约投资。

3）车站出入口不应设在易燃、易爆、有污染源及有害物质的建筑物附近，与上述建筑物的防火安全距离应符合有关规范的规定。

4）车站出入口应高出地面 30~45cm，满足当地防淹要求。当无法满足时，应设防淹闸槽。

5）车站设出入口设置一方面要考虑到地下通道的顺畅，同时又不能过长；另一方面也要考虑能均匀地、尽量多地吸纳地面客流，如图 3-8 所示。

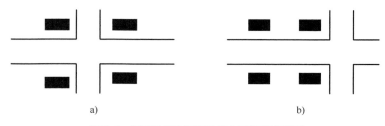

a)　　　　　　　　　　　　　　　　　b)

图 3-8　城市轨道交通车站出入口设置示意图

（2）出入口平面形式　城市轨道交通车站出入口平面主要有"一"字形、"L"形、"T"形三种基本形式。

1）"一"字形出入口（图 3-9a）。出入口、通道呈"一"字形布置，其特点为占地面积少，人员进出方便。

2）"L"形出入口（图 3-9b）。出入口与通道呈"L"形布置，由于口部较宽，不宜修建在路面狭窄地区。

3）"T"形出入口（图 3-9c）。出入口与通道呈"T"形布置，由于口部较窄，适用于路面狭窄地区。

4）其他形式。"n"形出入口（图 3-9d）与通道呈两次转折布置，这种形式的出入口使乘客要走回头路。"Y"形出入口（图 3-9e 和图 3-9f）常用于一个主出入口通道有两个及以上出入口的情形，其特点为布置灵活，适应性强。

2. 通风亭

通风亭是基于城市轨道交通地下车站通风、换气、排烟等特殊要求而设置的不可或缺的建筑设施，高架及地面车站可不需要该类设施。通风亭按其功能可分为活塞风亭、进风亭和排风亭，风亭可集中或分散布置，其设计根据周边环境的条件许可采用合建式或独立式。合建式与地面开放建筑合为一体，建于地面开放建筑内；独立式结合道路绿化设置，位于城市道路绿化带中央（图 3-10）。城市道路旁边的地面通风亭，一般应设在建筑红线以内，尽量与周围环境相协调。

通风道作为通风亭与站厅站台的联系纽带，地面与通风亭相通，地下与站厅站台相通，通风管道一般设在车站吊顶内或站台层站台板下的空间内。车站通风道一般至少设 2 个，具体数量取决于周围环境、车站规模、温湿度标准等因素。

3. 冷却塔

冷却塔的主要作用是为车站环控系统散热，属于地上建筑。其原理是利用对流传热和辐射传热等原理来散去制冷空调中产生的余热来降低水温的蒸发散热装置，通过空气与水流动接触后进行冷热交换产生蒸汽，蒸汽挥发带走热量达到蒸发散热。原则上按车站"一端布置、每站一组"设置，一般位于城市道路中间或旁边绿化带（图3-11），特殊情况下可采用下沉式或全地下式，其造型、色彩应符合城市规划、景观及环保要求。

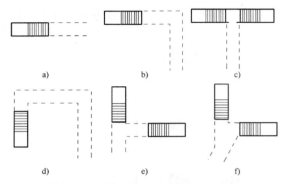

图 3-9　城市轨道交通车站出入口平面形式示意图

图 3-10　敞口矮通风亭

四、站厅层

站厅层具体位置与车站类型有关，地面车站和高架车站站厅层一般位于地面。对地下车站而言，站厅层一般位于地下一层，其作用是将车站出入口进入的乘客迅速、安全、方便地引导至站台乘车，或将下车的乘客引导至出入口离开车站。对乘客来说，车站站厅层是连接出入口与站台的过渡空间，乘客的购票、检票、换乘等均在此区域实现。站厅层设有设备用房、运营管理用房、辅助用房和乘降通道等设施设备，起到组织和分配客流的作用。

站厅层的大小、建筑特征（仅限高架车站和地面车站）要根据城市规划和交通的要求进行设计，并与地面建筑相协调，要有特色，达到简洁、明快、开朗、流畅、富于时代感。站厅层面积根据高峰小时最大客流量及集散时间的要求计算并确定。

1. 站厅的布置

站厅的位置与车站埋深、客流集散情况、周围环境等因素有关，站厅的布置与车站类型、站台形式及布置密切相关，布置是否合理直接影响到车站使用效果。常见的站厅布置主要有以下四种：

（1）站厅位于车站一端（图3-12a）　这种布置方式常用于终点站，且车站一端靠近城市主要道路的地面车站。

（2）站厅位于车站两侧（图3-12b）　这种布置方式常用于客流量不大的侧式车站。

（3）站厅位于车站两端的上层或下层（图3-12c）　这种布置方式常用于地下岛式车站及侧式车站站台的上层，高架车站站台的下层，适合客流量较大的车站。

（4）站厅位于车站上层（图3-12d）　这种布置方式常用于地下岛式车站及侧式车站，适合客流量很大的车站。

图 3-11　冷却塔

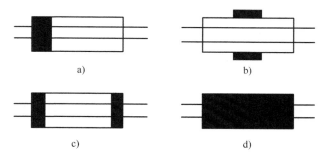

a)　　　　　　　　b)

c)　　　　　　　　d)

图 3-12　车站站厅布置示意图

2. 站厅层乘客使用空间

站厅层乘客使用空间也称为公共区，公共区是乘客集散的区域。依功能需要，具体分为付费区和非付费区两大区域。付费区是指乘客需要经购票、检票方可进入的区域，然后可由此到达站台。非付费区也称为免费区或者公用区，乘客可以在本区内自由通行。付费区与非付费区之间设分隔设施，付费区内设有通往站台层的楼梯、自动扶梯、直梯。在换乘站，尚需设置通向另一车站的换乘通道。

3. 站厅层车站用房

站厅层车站用房包括设备用房、运营管理用房和辅助用房等，在不影响客流集散的同时可设置商业用房。

（1）设备用房　设备用房是安置各类设备、进行日常维护及保养设备的场所，是整个车站运营的心脏所在。站厅层设备用房主要有安全门控制室、配电室（照明、AFC）、人防信号室、信号设备室、通信设备室、信号电源室、票务维修室等。

（2）运营管理用房　运营管理用房是车站工作人员的办公场所，大多位于站厅层，主要包括客服中心、车站控制室、票务室、人工售票亭、值班站长室等。

1）客服中心（图 3-13）。一般设在站厅层付费区与非付费区之间，主要为乘客提供售票、充值、问询及退票、车票分析、车票更新等乘客票务事务处理服务。

2）车站控制室（图 3-14）。车站控制室也称为综合控制室，是集行车、环控、广播、信号、通信等设备终端于一体的综合性控制室，是城市轨道交通车站级的控制指挥中心，也是车站站务人员工作的主要场所。日常情况下，车站值班员（行车值班员）和值班站长在车站控制室内对列车运行和车站设备进行监视控制。在车站控制室内，最重要的设备为 IBP 盘，又称为综合紧急后备盘。车站值班员和值班站长负责车站的行车、客运及消防监控工作，他们可通过 IBP 盘在任意时刻了解车站运作的情况及乘客动态。

3）票务室。票务室是车站票务工作的心脏，是车站现金、车票、票务物品的集散地，也是车站工作人员进行票务结账、清点钱箱、结算报表等票务工作的场所，用于存放车站现金、有值车票的保险柜以及票箱、纸币钱箱、硬币钱箱、票务钥匙、点钞机、验钞机、点币机及票务台账等票务工具器具。为保证车票和票款的安全，票务室一般要安装防盗门和门禁系统，钥匙专人保管，同时还需要安装具备录像功能的闭路电视监控系统。

4）人工售票亭（图 3-15）。一般情形下为临时设置、可移动，其位置的摆放一般根据客流量大小和方向确定，主要为乘客提供人工售票服务，以弥补车站大客流、自动售检票设备故障等带来的售票能力不足问题。

图 3-13　客服中心

图 3-14　车站控制室

图 3-15　人工售票亭

（3）辅助用房　站厅层辅助用房是主要供车站工作人员的工作生活所用，包括卫生间、更衣室、休息室、茶水间、医务室、备品库等。

五、站台层

站台层具体位置与车站类型有关，地面车站的站台层位于地面，高架车站的站台层位于高架桥上。对地下车站而言，站台层位于地下，一般在地下二层或三层，供乘客上车、下车、候车及换乘，设有设备用房、辅助用房和安全门等重要服务设施，站台可根据实际情形选用岛式、侧式或岛侧混合式等形式。

1. 站台层乘客使用空间

站台层乘客使用空间也称为公共区，指站台两侧安全门和端门围合的区域，均为付费区，供乘客上车、下车、候车及换乘。

2. 站台层车站用房

站厅层车站用房主要有设备用房和辅助用房。设备用房包括通信仪表室、信号电缆引入室、污水泵房、废水池、变电所检修室、风机房、电缆井、电梯机房等；辅助用房包括公共卫生间、休息室、备品库等。

3. 站台的规格

（1）站台长度　站台长度分为站台总长度和站台计算长度两类。站台总长度是指每侧站台的总长度，根据站台层房间布置的位置以及需要由站台进入房门的位置而定。站台计算长度是指远期列车编组总长度加上列车停站时允许的停车不准确距离（一般为 1~2m）。对于编组 6~8 节的地铁而言，站台长度一般在 130~180m，如深圳地铁 1 号线站台长度为 140m，广州地铁 1 号线站台长度为 142m。

（2）站台宽度　站台宽度主要根据车站远期预测高峰小时客流量大小、列车对数、结构横断面形式、站台形式、站房布置、楼梯及自动扶梯位置等因素综合考虑确定。

1）岛式站台：楼梯及自动扶梯沿站台中间纵向布置，其面积应不小于远期预测上下行高峰小时客流人数所需面积。

2）侧式站台：楼梯及自动扶梯、车站用房均可布置在站台计算长度范围以内，站台宽度应满足乘客上下车、候车及进出通道所需面积。

不同形式站台最小宽度见表 3-2。

表 3-2　不同形式站台最小宽度

名　称		最小宽度 /m
岛式站台		8.0
岛式站台的侧站台		2.5
侧式站台（长向范围内设梯）的侧站台		2.5
侧式站台（垂直于侧站台开通道口设梯）的侧站台		3.5
站台计算长度不超过 100m 且楼梯、扶梯不伸入站台计算长度	岛式站台	6.0
	侧式站台	4.0

（3）站台高度　站台高度是指线路走行轨顶面至站台地面的高度。站台高度的确定主要根据车厢地板面距轨顶面的高度而定。站台可分为低站台和高站台，其选择需要与车型匹配。站台与车厢地板面等高，称为高站台，适用于客流量较大、停车时间较短的车站。站台比车厢地板面低，称为低站台，适用于客流量不大的车站。在车辆满载时，车厢地板下沉量一般在 10cm，故站台高度宜略低于车厢地板面，其相对高度差应控制在 10cm 以内。车站各部位最小高度见表 3-3。

表 3-3　车站各部位最小高度

名　称	最小高度 /m
地下车站站厅公共区	3.0
高架车站站厅公共区	2.6
地下车站站台公共区	3.0
地面、高架车站站台公共区	2.6
站厅站台管理用房	2.4
通道或天桥	2.4
公共区楼梯和自动扶梯	2.3

（4）轨道中心与站台边缘的距离　轨道中心与站台边缘的距离决定了车辆车门与站台边缘间隔的大小，直线地段站台与车门的间隙宜采用 10cm；在曲线地段，还需考虑线路加宽、超高，车辆偏移、倾斜的影响，按加宽公式计算确定。

六、通道

车站通道是连接出入口与站厅或站厅与站台之间的纽带，主要由楼梯、自动扶梯、垂直电梯及无障碍通道等构成，是车站的重要组成部分之一。

1. 通道的设计原则

1）车站出入口与站厅相连的通道不宜过长（一般不超过100m），超过时应采取能满足消防疏散要求的措施。各部位的通行能力应满足远期客流所需的宽度和数量。

2）地下出入口通道力求短、直，通道的弯折不宜超过三处，弯折角度宜大于90°。

3）设置必要的照明和通风设施，在通道内设置广告时，应注意内容简洁明快，以画为主，避免过多文字内容导致乘客长时间驻足观看影响客流通行。

4）通道内宜安装一定数量的摄像头，便于工作人员掌握客流通行情况，并设一定数量和类别的导向标识引导乘客的出行。

总之，通道的设计应以乘客流动的路线为主要考虑依据，遵循减少进出站乘客流线的交叉和最大限度缩短乘客从出入口到站台的行走距离两大原则。

2. 通道的构成

（1）楼梯　在城市轨道交通车站中，楼梯是最常见的一种竖向升降设备。当升降高度差在8m以内时，一般采用楼梯；大于8m时，考虑乘客因高差较大，行走费力，宜设自动扶梯，如图3-16所示。车站楼梯一般采取26°~34°倾角，楼梯宽度应符合客流股数和建筑模数，单向通行宽度不小于1.8m，双向通行宽度不小于2.4m。当宽度大于3.6m时，应设置中间扶手。每个梯段不宜超过18步，且不应少于3级，休息平台长度宜为1.2~1.8m。

楼梯在车站发生紧急情况时，主要用于车站向外疏散乘客，所以车站楼梯平时应保持畅通，任何物品不得堆放在楼梯处，任何人员不得滞留在楼梯处。从实际情况看，有的车站从出入口到站台层的步行楼梯，未在楼梯中央设置栏杆，导致进站客流和出站客流混用，没有严格划分区域，这样当客流较大时就容易产生进出站客流对流的情形，对客流组织不利。因此，在客流量大的车站，需要在楼梯中央设置栏杆，有效地将进出站客流引导分开。

（2）自动扶梯　车站出入口、站台至站厅应设上、下行自动扶梯，每座车站应至少有一个出入口设上、下行自动扶梯，站台至站厅应至少设一处上、下行自动扶梯。出入口的提升高度超过8m时，宜设上行自动扶梯；超过12m时还应设下行自动扶梯。站厅与站台层的高差在5m以内时，宜设上行自动扶梯；超过5m时，还应设下行自动扶梯。站厅层供乘客至站台层使用的自动扶梯应设在付费区内。车站出入口自动扶梯的倾斜角度不应大于30°，站台至站厅自动扶梯的倾斜角度应为30°。当站台至站厅及站厅至地面上、下行均采用自动扶梯时，应加设人行楼梯或备用自动扶梯（图3-16）。

图3-16　楼梯与自动扶梯

　　自动扶梯一般在扶梯的右下侧或中间设有"紧急停止按钮"，一旦在运行中发生乘客失足摔倒或其他紧急情况时，可按下该按钮，使自动扶梯停止运行。车站人员应引导乘客正确搭载自动扶梯，对乘客不正确使用自动扶梯的行为应及时制止，以免发生意外。若自动扶梯运行时突然加减速、有异常声音或振动时，车站工作人员应阻止乘客继续搭乘，并通知专业人员检修。

　　（3）垂直电梯　　垂直电梯（图3-17）一般设置在出入口、站厅层和站台层，连接地面与站厅层、站厅层与站台层，主要供行动不便等有需要的乘客使用，如年龄较大者、伤残人士及携带大件行李的乘客。

　　（4）无障碍通道　　车站无障碍通道主要针对乘轮椅、挂盲杖及用助行器等行动不便的特殊人群，包括垂直电梯、轮椅升降机（图3-18）、盲道等。

图3-17　垂直电梯

图3-18　轮椅升降机

任务三　城市轨道交通车站设备的认知

任务目标

　　1. 了解城市轨道交通车站设备的种类。
　　2. 掌握 AFC 系统设备。
　　3. 掌握安全门系统的功能类型及控制方法。

知识课堂

　　城市轨道交通车站设备包含的范围比较广泛，主要分为行车类设备和客运服务类设备两种。行车类设备主要有线路、轨道、信号系统、轨道电路、转辙机等；客运服务类设备主要有安全门系统、自动售检票系统、电梯系统、乘客信息系统、环控系统、给排水系统、火灾报警系统、照明与低压配电系统等。

一、安全门系统

安全门系统主要由机械和电气两大部分构成，机械部分包括门体结构和门机驱动系统；电气部分包括控制系统、监视系统及电源系统。安全门系统是一项集建筑、机械、材料、电子和信息等学科于一体的高科技产品，其作用是除保障列车及乘客进出站的安全外，还可以大幅度地减少列车司机瞭望次数，减轻列车司机思想负担及劳动强度，并且能有效地减少空气对流造成的站台冷热气的流失，降低列车运行产生的噪声对车站的影响，为乘客提供舒适的候车环境，具有节能、安全、环保、美观等特点。

1. 安全门系统的功能

1988 年，世界上第一套地铁安全门系统安装于新加坡地铁的 NEL 线。我国内地第一条有安全门系统的线路是 2002 年 12 月 29 日开通试运营的广州地铁 2 号线，第二条有安全门系统的线路是 2004 年 12 月 28 日开通试运营的深圳地铁 1 号线一期工程。安全门设置于地铁站台边缘，将列车与地铁站台隔离开，对安全门的控制采用与列车信号联锁，所以在列车到达和出发时可自动开启和关闭。

（1）提高安全性　地铁列车在隧道内运行时会产生强烈的活塞效应，当列车进入站台时将会给站台候车的乘客带来被活塞风吹吸的危险。装设安全门后，由于站台与隧道空间由安全门隔离开，只有当列车停靠站台，并且列车门与安全门完全对正时，安全门才与列车门同时打开，从而避免了乘客探头张望和随车奔跑的现象，也避免了候车人员及物品跌落站台轨道的危险。

📝 **小知识**

乘客会被安全门夹住吗？为保安全，安全门上还安装了探测各种障碍物的传感器，一旦有障碍物存在，传感器发出的信息将使安全门开闭机构动作 3 次，如果 3 次安全门还没有关闭，门则处于开启状态，警示灯也会随即亮起。这时只能采取人工关闭的方法，即用安全门的钥匙才能关闭，可有效地减少车门夹人、夹物的情形发生。

（2）节约电能　地下车站和区间隧道是长条形的地下建筑，除车站的出入口、通风亭和隧道洞口与室外沟通外，基本上与大气隔离，因此需要环控系统来保证乘客的安全、舒适和确保设备使用寿命。设置安全门系统后，车站空间与列车运行空间完全隔开，避免了大量空调冷气进入隧道，减少了列车制动时所散发出的热量进入站台区，并减少了站台出入口由于列车活塞作用吸入大量新风所形成的冷负荷。这样，一方面减少了冷能消耗，达到了空调节能的目的；另一方面减少了空调设备容量，相应地减少了空调机房土建面积与投资。

（3）减少粉尘　通车一段时间后，地铁隧道内有许多细小的灰尘，列车进站时活塞风会将这些微尘带进站台，安全门可以隔尘。

（4）降低站台噪声　城市轨道交通噪声的形成主要来自内部、外部的振动和撞击，主要噪声源是轨道车辆运行时车轮在钢轨接头处与不平处的撞击和已磨损的车轮在钢轨上的摩擦，还有走行部分的撞击、制动拉杆与闸瓦的颤振和敲击、车厢壁与顶盖的振动、自动车钩的碰撞、制动以及发电机运转中的声音等。地铁安全门的安装能减少这些噪声传入站台。

（5）美观　安全门可作为一道美丽的屏障给乘客带来良好的视觉享受。

（6）商业开发　安全门可作为轨道运营公司商业开发的平台，为其带来广告收益。

2. 安全门的类型

城市轨道交通车站安全门分为封闭式安全门和开放式安全门，其中封闭式安全门通常又称为屏蔽门，安装于地铁车站，实行全封闭。开放式安全门分为全高安全门和半高安全门，不具有密封性能。全高安全门门体结构超过人体身高，门体顶部距离站厅顶面之间有一段不封闭空间；半高安全门门体结构不超过人体高度。

（1）封闭式安全门（屏蔽门） 封闭式安全门位于站台层（图3-19），是一道自上而下的玻璃隔墙和滑动门，沿着车站站台边缘和两端头设置，全高3m以上。将乘客候车空间与隧道空间完全隔开，目的是隔离乘客候车区与列车进站停靠区，主要应用于城市轨道交通的地下车站，能保证乘客乘车的安全性，还可以提高地铁运营的经济性。

图 3-19　封闭式安全门

（2）开放式安全门 开放式安全门也称为半封闭式安全门，有全高和半高两种（图3-20）。开放式安全门是一道上不封顶的玻璃隔墙和活动门或不锈钢篱笆门，其安装位置与封闭式基本相同，造价要低于封闭式安全门。半封闭式安全门系统相对简单，高度比封闭式安全门低，空气可以通过门上部流通。主要起隔离作用，以保障站台候车乘客的安全，从这个意义上可以称其为"安全门"。此外，它还能起到一定的降噪作用。

这两种安全门系统只需要25~30cm的安装宽度，而在没有安全门系统的车站，乘客候车的安全黄线距站台边缘的距离有50~60cm，因此城市轨道交通车站安装安全门后不会影响车站的有效候车面积。

图 3-20　全高安全门和半高安全门

3. 安全门的控制系统

安全门的控制系统的功能一般具有系统级控制、站台级控制和手动级控制三级。其中以手动操作优先级最高，系统级控制优先级最低。

（1）系统级控制 系统级控制是在正常运行模式下信号系统对安全门进行的自动控制

方式，当列车进站时，由信号系统通过中央接口盘控制安全门。

（2）站台级控制　站台级控制是当系统级控制功能不能正常实现时，由列车司机或被授权操作人员通过站台就地控制盘（PSL）或通过车站控制室综合紧急后备盘（IBP）上的安全门操作开关对安全门实施紧急控制。实施站台级控制时，信号系统被完全忽略。由此可见，站台级控制分为就地控制盘（PSL）控制和综合紧急后备盘（IBP）控制两种。

扫一扫

安全门控制
系统概述

1）就地控制盘（PSL）控制　就地控制盘（PSL）控制是由列车司机或站务人员在站台就地控制盘上对滑动门进行开门或关门的控制。

2）综合紧急后备盘（IBP）控制　综合紧急后备盘（IBP）控制是以每侧站台安全门为独立的控制对象，在车站紧急情况下通过操作 IBP 盘上的开门按钮来打开安全门的滑动门。滑动门完全打开后，中央接口盘面板、PSL 盘及 IBP 盘上的开门指示灯亮。此命令属于紧急状态下的紧急开门命令，优先级高于 PSL 控制和系统级控制。

（3）手动级控制　手动级控制是当系统电源发生故障或控制系统故障导致个别安全门无法自动打开，或列车停位不准及隧道内发生火灾等情况时，由站台工作人员或乘客对安全门进行的操作。主要有以下三种情况：

1）当个别安全门操作机构发生故障无法自动打开时，站台工作人员在站台侧操作固定驱动盒上的就地控制盘，开关安全门；在轨道侧，列车司机可通过车内广播指导乘客使用活动门上的手动解锁把手，自行开启安全门。

2）当发生列车停位不准等非常情况，乘客无法从活动门正常上下车时，乘客可推动应急门的推动拉杆锁，手动打开应急门，进行疏散。

3）当车站或区间发生灾害时，车站值班人员可根据灾害情况，按照规定的操作程序，通过车控室综合紧急后备盘上的安全门紧急操作开关，对安全门进行控制。

二、自动售检票系统

自动售检票系统（Automatic Fare Collection System，简称 AFC 系统）可实现城市轨道交通售票、检票、计费、收费、统计、清分、管理等全过程的自动处理。该系统通常包括自动控制、计算机网络通信、现金自动识别、微电子计算、机电一体化、嵌入式系统和大型数据库管理等高新技术运用。自动售检票系统的便捷和准确性大大优于传统的纸票售票方式，它可以克服人工售检票模式中固有的速度慢、财务漏洞多、出错率高、劳动强度大等缺点，在防止假票、杜绝人情

扫一扫

AFC
系统简介

票、防止工作人员作弊、提高管理水平、减轻劳动强度等方面发挥着重要的作用，是城市信息化建设的重要体现。自动售检票设备作为面向乘客的服务设备，主要设置在站厅层，按乘客进出站流向合理布置，主要有自动售票机、半自动售票机、自动检票机、自动查询机等。

1. 自动售票机

自动售票机（Ticket Vending Machine，简称 TVM）设于车站非付费区，用于乘客自助式购买单程票和对储值票进行充值或查询等，如图 3-21 所示。

当前自动售票机大多为触屏式，具备触摸屏和乘客显示器，用于显示地铁线路及票价、操作提示等信息。自动售票机是人工售票的代替和补充，减少了公司人力成本，同时也方便

乘客购票，是城市轨道交通自动售检票系统的重要组成部分之一。自动售票机接受纸币或硬币及两者混合，具体面值取决于系统参数设置，并能自动出票和找零，可一次发售多张车票，也具有对储值票或一卡通充值、查询的功能。有的自动售票机预留银行卡的数据接口和电气接口及物理空间，方便支付方式的扩展。

2. 半自动售票机

半自动售票机（Booking Office Machine，简称 BOM）通常设在站厅层客服中心内，可兼顾付费区和非付费区的乘客，如图 3-22 所示。站务员使用半自动售票机，采用人工方式完成票务处理、车票发售、加值、车票分析、退票及其他票务服务。

图 3-21　自动售票机

图 3-22　半自动售票机

3. 自动检票机

自动检票机，俗称闸机（Automatic Gate Machine，简称 AGM），是实现乘客自助进出站检票交易（在非付费区和付费区间通行）的设备，对有效车票，自动检票机通道阻挡解除（门扇开启或释放转杆），允许乘客进出站，如图 3-23 所示。自动检票机的基本功能是对乘客所持的车票进行检验，并完成进站或出站的交易处理。进入付费区时检查车票的合法性并记录进入时的地点及时间，离开付费区时检查车票的合法性、进站信息的合法性及在付费区的停留时间，并根据进入位置和离开位置计算本次行程的费用，自动完成扣款操作。

4. 自动查询机

自动查询机（Ticket Checking Machine，简称 TCM）安装在车站非付费区，供乘客自助查看车票的信息及有效性，读取过程不修改车票上的任何数据。操作方式采用触摸屏，如图 3-24 所示。自动查询机具有车票查询和乘客服务信息查询等功能。车票查询是读取票卡信息，不具备写票功能，工作人员将车票在阅读器／天线出示后 1s 内，能显示车票的查询车票逻辑卡号、车票类型、余额／使用次数、车票有效期、车票无效原因（如安全性检查，出入顺序检查，黑名单票检查，超乘，超时等）、交易历史等。

三、电梯系统

电梯系统主要包括自动扶梯和垂直电梯，如图 3-25 所示。在城市轨道交通车站中，自动扶梯的用途主要是解决乘客快速疏散问题，即列车到达后，大量的乘客从候车站台向地面站厅疏散。由于车站的候车站厅一般离开地面，乘客的上下只能依赖于楼梯，而自动扶梯则提供了一种自动输送乘客的能力，满足了乘客对乘降舒适度的要求；垂直电梯主要连接地面和站厅层、站厅层与站台层，每个车站至少保证有一个出入口设置垂直电梯，专为残疾人士和其他有需要的乘客服务。

图 3-23　自动检票机

图 3-24　自动查询机

图 3-25　车站自动扶梯和垂直电梯

四、乘客信息系统

乘客信息系统（Passenger Information System，简称 PIS）利用网络技术、多媒体传输技术和显示技术，在指定时间将指定信息显示给指定人群。乘客信息系统具有信息发布和信息查询的功能。在正常情况下，乘客信息系统提供列车的时间信息、政府公告、出行参考信息、股票财经信息、广告等实时多媒体全资讯信息；在火灾、阻塞情况下，提供紧急疏散信息，如图 3-26 所示。

五、环控系统

地铁车站仅有车站的出入口、通风亭及隧道口与大气相通，运营后，随着客流量上升和行车密度加大，将在地下空间内产生大量的热量及有害气体，如不采取有效措施，必将造成地铁内环境的不断恶化。因此，需将地铁内的温度、湿度和空气流速等进行控制，为乘客提供适宜的乘车环境，并在紧急情况下保证乘客的安全，同时对车站建筑内通风空调系统的设备加以监控，以保证地铁正常运营。这就是车站环控系统所要解决的问题。

图 3-26　乘客信息系统

环控系统（Building Automation System，简称 BAS）是一套可以对环境进行空气处理的系统，其作用是调节指定区域内的空气温度、湿度，并控制二氧化碳、粉尘等有害物质的浓度。环控系统涵盖的地点包括车站站厅、站台、隧道、设备及管理用房等。

环控系统的运行模式包括正常运行模式、列车阻塞模式和紧急情况运行模式。其中正常运行模式是一种占主导地位的运行方式；列车阻塞模式是指在阻塞期间维持列车空调装置连续运转的模式；紧急情况运行模式是指发生火灾时，开启通风设施，为乘客提供安全通道的模式。

六、其他系统

1. 给排水系统

给排水系统用来提供地铁运营所必需的生产、生活和消防用水，搜集并排出生产、生活、消防等产生的废水、污水及地下渗透水、雨水等，可分为给水系统和排水系统。地铁给水系统的水源一般取自城市自来水。

2. 火灾报警系统

火灾报警系统分为中央和车站两级。中央级的主要功能是：监视全线消防设备状态；火灾时，指挥全线消防抢险活动；控制全线有关消防设备的运行。车站级的主要功能是：监视车站消防设备运行情况，接收各类报警信息；控制车站及相邻区间内消防设备的动作，实施灭火活动；与中央级进行必要的信息传输。

任务四　城市轨道交通车站换乘的认知

任务目标

熟悉城市轨道交通车站换乘方式及特点。

　　随着城市区域的不断扩大和社会经济的持续发展，单一的、独立的、未成体系的城市轨道交通线路已不能满足居民出行需求，只有能在线路间互通互换的、基本覆盖城市主要区域的轨道交通网络形成后，才能充分发挥轨道交通作为城市公共交通骨干作用的优势。

一、车站换乘概述

1. 车站换乘的概念

　　换乘是指乘客从一种交通工具转换到另一种交通工具，或从一条线路转换到另一条线路。根据进出站是否检票，换乘可分为有标记换乘和无标记换乘两种。有标记换乘需要多次购票、多次进出站检票；无标记换乘也称为无缝换乘或一票换乘，只需一次购票、一次进出站检票。

　　城市轨道交通车站换乘是指在不同路线之间，在不离开车站付费区及不另行购买车票的情况下，进行跨线乘坐列车的行为。具体地说，就是乘客在某个车站下车，无须另行购票，即可由原本乘坐的路线，转换至另一条路线继续行程，而车费则按总乘坐里程计算。城市轨道交通车站换乘可分为广义换乘和狭义换乘两种，广义上的城市轨道交通车站换乘是指地铁等城市轨道交通与其他交通方式换乘，狭义上的城市轨道交通车站换乘特指城市轨道交通线路间换乘。

　　在我国香港特别行政区，换乘站与转乘站统称为转车站，在我国台湾地区统称为转乘站，而在我国其他城市则统称为换乘站。换乘站是城市轨道交通线网中各条线路的交织点，是提供乘客转线换乘的车站，乘客通过换乘站及其交通设施，可实现两条或以上线路之间的换乘。换乘点的分布和换乘方式的灵活性，对整个城市轨道交通线网功能的发挥极为重要。

2. 换乘站的基本要求

　　1）尽量缩短换乘距离，做到明确、简洁、方便乘客。两线或多线车站尽量减少换乘高度差，避免高度损失。

　　2）换乘客流要与进出站客流分开，避免互相干扰。

　　3）在做换乘设计时，应以远期高峰小时客流量为依据，换乘通道、楼梯、电梯等换乘设施应能满足远期换乘量的需要。

　　4）在换乘设施中应考虑特殊群体要求，建设无障碍设施。

　　5）换乘设施应考虑设置在各换乘站的付费区内，实现一次购票即可到达最终目的地。

二、车站换乘方式

　　城市轨道交通车站换乘方式取决于两条线路的走向和相互交织形式，一般有垂直交叉、斜交、平行交织等多种形式，可分为站台换乘、站厅换乘、站外换乘、十字换乘、通道换乘、混合换乘等多种形式。

1. 站台换乘

　　站台换乘可分为同站台换乘和跨站台换乘，两者都是较便捷的换乘方式。

　　（1）同站台换乘　同站台换乘也称为站台同平面换乘，一般适用于两条或多条线路平行交织，而且采用岛式站台的车站形式。乘客换乘时，由岛式站台的一侧下车，到站台另一侧上车，换乘极为方便，尤其是换乘客流量很大的情况。如：上海轨道交通 3 号线与上海轨道交通 4 号线共线运行的宝山路站——虹桥路站区间任一车站及上海轨道交通 2 号线和上海轨道交通 17 号线虹桥火车站换乘，成都地铁中医大省医院站（2 换 4，同向，即从 2 号线往龙泉驿方向可换 4 号线往西河方向，2 号线往犀浦方向可换乘 4 号线往万盛方向），杭州地铁 1 号线和 4 号线彭埠站等，如图 3-27 所示。

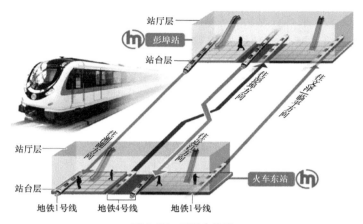

图 3-27　同站台换乘

（2）跨站台换乘　跨站台换乘也称为站台立体换乘，是将供两条线路使用的车站站台采用立体的布局形式，也就是将站台同平面换乘的两个岛式站台上下叠置，一个站台位于另一个站台的上方，乘客经楼梯、自动扶梯由一个站台换乘到另一站台。根据站台的布置形式又可分为平行换乘、"T"形站台换乘和"十"字形站台换乘。

1）平行换乘：两个车站站台上下重叠构成"一"字形组合，站台上下对应，便于布置楼梯、自动扶梯，换乘方便，如图 3-28 所示。

2）"T"形站台换乘：两个车站上下立交，其中一个车站的端部与另一个车站的中部相连接，在平面上构成"T"形组合。

图 3-28　站台平行换乘效果图

3）"十"字形站台换乘：两个车站中部相立交，在平面上构成"十"字形组合，如图 3-29 所示。

2. 站厅换乘

站厅换乘是设置两条线或多条线的共用站厅，或互相连通形成统一的换乘大厅，如图 3-30 所示。乘客下车后，由某层车站站台经楼梯、自动扶梯到达另一车站站厅付费区，再经楼梯、自动扶梯到达站台。站厅换乘一般采用"L"形布置，即两个车站上下立交，车站端部相互连接，在平面上构成"L"形组合。在车站端部连接处一般设站厅或换乘厅，有时也可将两个车站相互拉开一段距离，使其在区间立交，这样可减少两站间的高差，减少下层车站的埋深。

　　站厅换乘线路较长，换乘高度较大，换乘时间较长。但由于下车客流只朝一个方向流动，减少了站台上客流的交叉，乘客在站台上滞留时间减少，可避免站台拥挤，减少横越设备的数量，增加站台有效使用面积，是一种较为普遍的换乘方式。

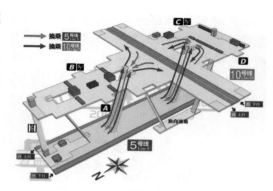

图 3-29　"十"字形站台换乘

3. 通道换乘

　　通道换乘（图 3-31）是在两线交叉处，车站结构完全分开，用通道和楼梯将两车站连接起来供乘客换乘的方式，常见于两站台间相距较远的车站。乘客下车后需经过专用通道，步行一段距离，到达另一条路线的站台转车，通常都需要在中途转换楼层，如上海地铁上海南站和中山公园站等。

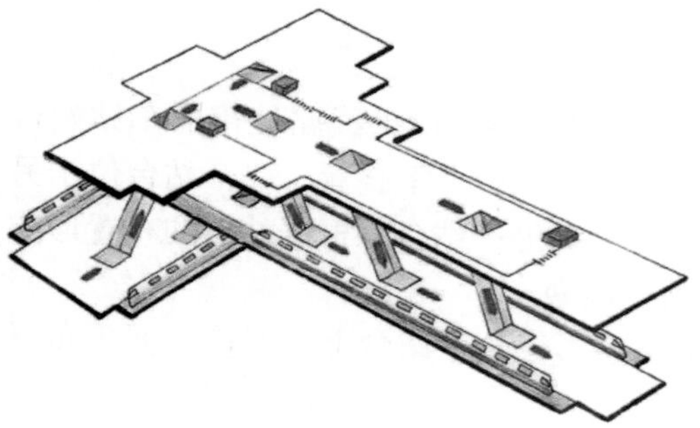

图 3-30　站厅换乘效果图

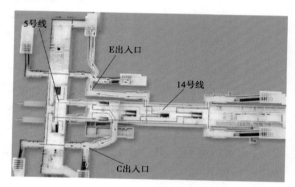

图 3-31　通道换乘

　　通道换乘线路最长，换乘时间最长，乘客步行距离最长，对老弱妇婴等特殊群体不便，且既增加通道，又增加投资。通道换乘一般呈"工"字形或"L"形布置，即两个车站在同一水平面平行设置，通过天桥或地道换乘，在平面上构成"工"字形或"L"形组合。

4. 站外换乘

　　站外换乘也称为出站换乘，是指乘客在车站以外进行换乘，实际上是没有专用换乘设施的换乘方式。站外换乘常见于因某种原因无法在付费区换乘，而进行的有条件换乘，就是使用一张公交卡在换乘站之间两条或多条线出站后在规定时间内换乘，而使用单程票卡则无法换乘。如上海轨道交通上海火车站、陕西南路站、虹桥 2 号航站楼站及香港地铁尖沙咀站和尖东站等就是典型的站外换乘。

复习与思考

1. 简述城市轨道交通岛式车站与侧式车站的特点。
2. 简述城市轨道交通车站平面布局及组成。
3. 简述城市轨道交通车站主要设备及功能。
4. 简述城市轨道交通车站换乘方式。

项目四

城市轨道交通车辆与车辆基地

项目导入

城市轨道交通车辆作为运送乘客的工具，不仅要保证运行的安全、准点，而且还要有良好的乘客服务设施。城市轨道交通车辆主要由机械和电气部分组成，采用动拖结合，固定编组，形成电动列车组。车辆编组如何辨别？转向架具有什么功能？列车的受流装置具体有哪些？车辆的维护保养在什么地方完成？本项目将回答这些问题。

任务一　城市轨道交通车辆概述的认知

任务目标

1. 了解城市轨道交通车辆的构成、特点及工作原理。
2. 识别车辆编组表达式所代表的含义。

知识课堂

城市轨道交通车辆是技术含量较高的机电设备，是城市轨道交通系统中关键设备之一，其选型和技术参数不仅是界定线路技术标准的基础，还是确定系统运营管理模式和维修方式的基本条件，更是系统设备选型和确定设备规模的重要依据。

扫一扫

车辆的特点

一、城市轨道交通车辆的概念、特点及发展

1. 概念

城市轨道交通车辆是指在城市轨道交通系统中，由电力牵引搭载乘客，在固定导轨上行驶的一种运输工具，如图4-1所示。

2. 特点

城市轨道交通车辆作为城市公共交通工具，主要在市内运行，应具有先进性、可靠性和实用性，应满足容量大、安全、快速、舒适、美观等要求。

城市轨道交通车辆要在地下隧道、高架和地面轨道运行，站距短、线路曲线半径小、坡度较大；客流量大而集中，乘客上下车频繁，高峰时超载严重。

城市轨道交通车辆具有较高的启动加速度和制动减速度，以达到启动快、停车制动距离短，提高车辆平均速度的目的。

图 4-1　城市轨道交通车辆

📝 **小知识**

城市轨道交通车辆应确保在寿命周期内正常运行时的行车安全和人身安全，同时应具备故障、事故和灾难情况下对人员和车辆救助的条件。以地铁车辆为例，城市轨道交通车辆应具有以下特点：

（1）载客能力强　地铁 A 型列车可达 350 人 / 辆。

（2）动力性能好　加速快，加减速能力强，制动效果好。

（3）安全可靠性强　设备先进，故障率低，可靠稳定性强，突发情况下适应性强。

（4）环境条件好　具有照明、空调、座椅、扶手等。

（5）灵活的牵引方式　根据不同的线路特征，可采用不同的牵引方式，即动力集中牵引和动力分散牵引。

（6）节能环保　车辆采用电力牵引，节能环保。

（7）运行自动化　运行方式上，采用列车自动驾驶系统ATO，列车具有先进的微机控制技术及故障自诊断功能。

3. 发展历程

地铁发展至今已有150余年的历史，伴随着地铁的发展，城市轨道交通车辆的技术也在世界工业技术发展的基础上得到了持续不断的发展。这些技术的发展，突出体现在车体、车辆牵引、制动、车辆走行部和车辆控制及驾驶等技术上。

我国地铁车辆自 1962 年开始研制，1969 年批量生产并在北京地铁 1 号线运行。其后，我国又对地铁车辆进行了大量自主科技研究、技术开发和车辆的改进工作，从 20 世纪 80 年代起开展了多种形式的国际技术合作，进行了技术引进、合作生产和国产化工作，使我国的城市轨道交通车辆生产水平得到迅速提高。目前，我国城市轨道交通车辆整体制造技术性能和技术水平已达到世界先进水平，为我国城市轨道交通的快速发展创造了十分有利的条件。

二、城市轨道交通车辆类型、技术规格及使用条件

城市轨道交通车辆类型应根据当地的预测客流量、环境条件、线路条件、运输能力要求等因素综合比较选定。

1. 城市轨道交通车辆类型

（1）按适用范围和车体宽度分类　城市轨道交通车辆可分为以下几种，见表4-1。

表 4-1　城市轨道交通车辆类型

系　　统	分　　类	车辆和线路条件	客运能力 N（人次 /h） 运营速度 v/（km/h）	备　　注
地铁系统	A 型车辆	车长：22~24m；车宽：3m 定员：310 人 线路半径：≥ 300m 线路坡度：≤ 35‰	N：4.0 万 ~7.5 万 v：≥ 35	高运量，适用于地下、地面或高架
	B 型车辆	车长：19.52m；车宽：2.8m 定员：230~245 人 线路半径：≥ 250m 线路坡度：≤ 35‰	N：3.0 万 ~5.0 万 v：≥ 35	大运量，适用于地下、地面或高架
	直线电机 B 型车辆	车长：16~17m；车宽：2.8m 定员：215~240 人 线路半径：≥ 100m 线路坡度：≤ 60‰	N：2.5 万 ~4.0 万 v：≥ 35	大运量，适用于地面高架或地下
轻轨系统	C 型车辆	车长：18.9m；车宽：2.6m 定员：200~315 人 线路半径：≥ 50m 线路坡度：≤ 60‰	N：1.0 万 ~3.0 万 v：25~35	中运量，适用于地下、地面或高架
	直线电机 C 型车辆	车长：16.5m；车宽：2.5m 定员：150 人 线路半径：≥ 60m 线路坡度：≤ 60‰	N：1.0 万 ~3.0 万 v：25~35	中运量，适用于地面高架或地下
有轨电车	单车或铰接车	车长：12.5m；车宽：≤ 2.6m 定员：110~260 人 线路半径：≥ 30m 线路坡度：≤ 60‰	N：0.6 万 ~1.0 万 v：15~25	低运量，适用于地面道路混行
单轨系统	跨座式单轨车辆	车长：15m；车宽：3m 定员：150~170 人 线路半径：≥ 60m 线路坡度：≤ 60‰	N：1.0 万 ~3.0 万 v：≥ 35	中运量，主要适用于高架
	悬挂式单轨车辆	车长：14m；车宽：2.6m 定员：80~100 人 线路半径：≥ 60m 线路坡度：≤ 60‰	N：0.8 万 ~1.5 万 v：≥ 20	中运量，主要适用于高架
磁浮系统	中低速磁浮车辆	车长：12~15 m；车宽：2.6~3.0m 定员：150 人 线路半径：≥ 70m 线路坡度：≤ 70‰	N：1.5 万 ~3.0 万 最高运行速度：100	中运量，主要适用于高架
	高速磁浮车辆	车长：24~27m；车宽：3.7m 定员：100 人 线路半径：≥ 300m 线路坡度：≤ 100‰	N：1.0 万 ~2.5 万 最高运行速度：430	中运量，主要适用于郊区高架
自动导向系统	胶轮导向车辆	车长：8.4m；车宽：≤ 2.4m 定员：75 人 线路半径：≥ 30m 线路坡度：≤ 60‰	N：0.6 万 ~1.5 万 v：≥ 25	低运量，主要适用于高架
市域快速轨道系统	特型车辆	车长：22~25m；车宽：≤ 3.4m 定员：≥ 120 人 线路半径：≥ 400m 线路坡度：≤ 30‰	日单向客运量 50 万 ~80 万人次 v：120~160	大运量，适用于城市区域交通方式

（2）按牵引控制系统分类　城市轨道交通车辆可分为交流变压变频车辆和直线电机变频车辆。

（3）按车体材料分类　城市轨道交通车辆可分为不锈钢车辆、铝合金车辆、碳素钢车辆和碳纤维车辆。

（4）按支承导向制式分类　城市轨道交通车辆可分为钢轮车辆和胶轮车辆。

（5）按受流器、电压等级分类　城市轨道交通车辆可分为受电弓车辆和集电靴车辆，直流1500 V 和直流 750 V 车辆。

（6）按车辆规格分类　城市轨道交通车辆可分为轴重较大、载客较多、车体较大的重型车辆，如地铁等；轴重较小、载客较少、车体较小的轻型车辆，如有轨电车。

（7）按牵引动力配置分类　城市轨道交通车辆可分为自身具有动力装置的动车（Motor，M）和不装备动力装置的拖车（Trail，T）。动车是指自身具有动力装置，即动轴上装有牵引电动机，具有牵引与载客双重功能的车辆。动车又分为带有受电弓的动车（Mp）和不带受电弓的动车（M）。拖车是指不装备动力装置，需动车牵引拖带的车辆，仅有载客功能。拖车可分为设置驾驶室的拖车（Tc）和不设驾驶室的拖车（T）。

2. 城市轨道交通车辆技术规格

以地铁车辆为例，其主要技术规格见表 4-2。

表 4-2　地铁车辆的主要技术规格　　　　　　（单位：mm）

名　称		A 型 车	B 型 车
车辆轴数		4	4
车体基本长度	无驾驶室车辆	22000	19000
	单驾驶室车辆	23600	19600
车钩连接中心点间距离	无驾驶室车辆	22800	19520
	单驾驶室车辆	24400	20120
车体基本宽度		3000	2800
车辆最大高度	受流器车辆	—	3800
	受电弓车辆	3810	3810
车内净高		2100~2150	2100~2150
地板面距轨面高		1130	1100
轴重 /t		≤ 16	≤ 14
车辆定距		15700	12600
固定轴距		2200~2500	2000~2300
每侧车门数（对）		5	4
车门宽度		1300~1400	1300~1400
车门高度		≥ 1800	≥ 1800
车辆最高运行速度 /（km/h）		80、100	80、100

3. 城市轨道交通车辆使用条件

1）环境温度为 –25~40℃，最大相对湿度不大于 90%。

2）车辆应能承受风、沙、雨、雪的侵袭。

3）线路轨距为 1435mm，最小平面曲线半径应符合相关规定，最小竖曲线半径为 2000m。

4）正线的最大坡度不宜大于 30‰，困难地段可采用 35‰，出入线、联络线和特殊地形区段的最大坡度不宜大于 40‰。

5）受电方式可采用接触网受电弓受电或接触轨受流器受电，供电电压可采用额定 DC1500V，波动范围在 DC1000~DC1800V；或采用额定 DC750V，波动范围在 DC500~DC900V。

6）地铁车辆限界应符合相关规定要求，直高架或地面线车辆限界应在隧道内车辆限界基础上，另加当地最大风荷载引起的横向和竖向偏移量，受电弓或受流器限界是车辆限界的组成部分。

三、城市轨道交通车辆编组

城市轨道交通列车由动车和拖车通过车钩连接而成的一个相对固定的编组，称为一个单元，一列列车可以由一个或多个单元编组而成。

1. 车辆编组概述

城市轨道交通车辆编组可由不同型式的车辆根据客流预测、设计运输能力、线路条件、环境条件及运营组织等要素确定。当前我国城市轨道交通车辆编组普遍为 4~8 辆，以 6 辆一编组居多。

城市轨道交通车辆在运营时，一般采用动拖结合，固定编组，形成电动列车组。车辆的编组辆数，可按下式计算决定：

$$N = \frac{Q_{\max}T}{60D}$$

式中　　N——每列车编组辆数（辆）；

$Q_{\max}$——最高峰小时单向最大客流量（人/h）；

T——最小行车间隔（min）；

D——每辆车的定员数（人）。

车辆编组主要考虑车辆型式、编组辆数、编组车辆动车与拖车比例的因素，即车型、辆数和动拖比 3 个要素。城市轨道交通的规模取决于高峰小时客运量，而高峰小时客运量取决于编组列车的载客量及行车间隔。目前，城市轨道交通系统大多采用加大行车间隔来调节运量，而较少采用分解车辆编组（使之由大变小）的方法。

2. 车辆编组类型

（1）大编组（以 8 辆车编组型式为主）　大编组列车适用于人口集中的大都市，如上海地铁 2 号线、8 号线，广州地铁 13 号线车辆，列车的基本配置为 8 辆车编组，采用 A 型车体，为 6 动 2 拖的动力编组型式。其车辆编组为：-Tc*Mp*M*Mp = M*M*Mp*Tc-。

（2）中编组（以 6 辆车编组为主）　中编组列车适用于运量较大的城市和线路，6 辆编组应用最广泛的是 4 动 2 拖，个别也有 3 动 3 拖，如大连地铁 1、2 号线，西安地铁 3 号线车辆均采用 4 动 2 拖；西安地铁 1、2 号线车辆均采用 3 动 3 拖。如 4 动 2 拖车辆编组为：Tc-Mp-M-M-Mp-Tc，3 动 3 拖车辆编组为：-Tc*Mp*M*T*Mp*Tc-。

（3）小编组（以 4 辆车编组型式为主）　小编组列车适用于运量较小的中小城市和线路，一般采用 2 动 2 拖编组方式。如天津滨海轻轨近期车辆采用的 4 辆编组型式：=Mp*T=T*Mp=，远期为 6 节编组，采用 3 动 3 拖；还有：=Tc-Mp-Mp-Tc= 等。

此外，国外还有 5 辆车编组 3 动 2 拖，如伊朗设拉子地铁和伊斯法罕地铁车辆采用 3 动 2 拖 5 辆车编组，编组型式为：*Tc-Mp-M-Mp-Tc*。

上述车辆编组表达式中，"-"表示全自动车钩，"="表示半自动车钩，"*"表示半永久车钩。

3. 车辆编组的远期确定

从城市轨道交通的可持续发展看，特大或大城市应选择宽体、大编组的列车。如日本东京的山手线采用 11 辆编组，13 条地铁线路中有 4 条采用了 10 辆编组；韩国首尔的 1~4 号线有超过 95% 的车辆采用 10 辆编组；我国香港地铁、台北捷运均采用了 3.2m 的宽体车等。而反观北京、上海、广州等特大城市的地铁线路，最大系统规模设计为 8 辆编组的 A 型车。从运营后面临的大客流拥挤现象看，其主要客运走廊上的线路均存在系统规模不够的问题。例如，北京地铁 5 号线和 10 号线开通不到一年，高峰高断面客流已接近远期的预测值；上海轨道交通投入运营的 14 条线路中，有 7 条线路高峰高断面客流超过原设计。针对运营线路系统规模设计不足的问题，有人提出缩短运营间隔的对策，即提高行车密度。但据测算，从原设计 2min 间隔提升至 90s，对系统进行改造的费用远大于前期扩大系统规模而产生的土建规模增加的费用，且维持列车高密度运行对日常运营的安全压力非常大。

四、城市轨道交通车辆连挂救援

1. 连挂救援的概念

当某列电动列车在运营中因突发故障而无法自行运行时，一般就需要由另一列完好列车或特种车辆对其进行救援，以"顶"或"拖"的运行方式使故障列车脱离正线，以保证正线运营畅通，这种形式的连接就称为连挂救援或多车连挂（图 4-2）。在行车过程中遇突发故障时，连挂救援对尽快恢复正常运营是十分重要的。

连挂救援方式分为拖拉式和顶推式。拖拉式就是在列车连挂后，救援车在目标方向的前方，故障车在后方，由救援车施加牵引力后拖

图 4-2　地铁车辆连挂救援

拽故障车；顶推式就是将两车反过来，救援车在目标方向的后方，故障车在前方，由救援车施加牵引力后顶推故障车。在救援过程中要考虑故障车所处环境与位置而选择适宜的救援方式。

2. 连挂救援的原则

1）当列车发生故障无法动车时，运营调度应安排其他电动列车与其连挂，连挂列车应采用牵引或推进的运行方式驶离正线，有条件时宜采取牵引方式运行。

2）列车故障救援应遵循"正向救援、尽快恢复正线运营"的原则，同时救援列车除特殊情况外应具备 ATP 防护功能。

3）列车发生故障时，列车司机应在规定时间内完成故障处置，如在规定时间内无法排除故障，应立即申请列车救援，已申请救援的列车不得再行移动。

4）列车进行救援连挂作业前，列车司机应确保列车车门、屏蔽门（安全门、电动栏杆）处于关闭状态，确认安全条件具备。

5）列车救援过程中，列车司机下车作业前，应先报运营调度，得到运营调度同意后方可下车。

列车连挂的前提是各车型间的电气、风管路、控制电缆和传递牵引力的车钩等尺寸相同、能可靠连接。在一条运营线路上运行多种车型的情况下，为了保证连挂后的运行功能正常，更需要确保相互连接车钩的机械尺寸相同、电气触头设置相匹配。

当两辆车连挂后，救援车辆可以实现对故障车电路和气路的控制，顺利地在一定的坡道和曲线上运行。当车钩机械连挂在一起时，空气管就自动连接上，待列车运行至指定位置

后，可以通过驾驶室的解钩按钮进行自动解钩，也可以通过手动解钩拉环进行手动解钩。在车辆解钩分离后，车钩又处于待连挂状态。

为了保证连挂后列车的正常运行及运营安全，连挂后的列车运行控制只能在救援列车的任一驾驶室内进行操作，因此要求其余各驾驶室的控制功能被锁闭。连挂后的控制驾驶室，应可对两列车施加制动力或进行制动释放作业，可以向两列车进行客室广播和驾驶室间的通信。应特别注意的是，被救援故障列车的故障包括紧急制动故障等，都不应该影响救援列车的正常运行。连挂列车的牵引力必须满足在连挂运行时，一列空载的救援列车牵引一列超载的故障列车，仍能在线路最大坡道和最小供电电压条件下实现牵引启动运行。

任务二　城市轨道交通车辆构造的认知

任务目标：

1. 了解城市轨道交通车辆的构造。
2. 掌握车辆机械和电气各组成部分的功能及特点。

知识课堂

城市轨道交通车辆种类繁多，性能各异，技术参数也不一样，但其基本结构相同，主要包括机械和电气两大部分，具体有：车体，车门，转向架，制动装置，车辆连接装置，牵引传动系统，辅助电源系统，通风、空调、供暖及照明系统，列车自动控制、监测系统等。

一、车体

1. 车体概述

车体是城市轨道交通车辆的主体结构，是容纳乘客和列车司机驾驶的地方，同时又是安装和连接其他设备及组件的基础，主要功能是运载乘客、承载和传递荷载。

对没有驾驶室的城市轨道交通车辆来说，车体是为乘客提供服务的公共场所，也是安装和连接其他设备及组件的基础。对有驾驶室的车辆来说，除具有上述功能外，还是列车司机操作列车和安装列车司机操作台的场所。

车体按结构功能分为壳体、车门、车窗、贯通道和内装饰（图4-3），由底架、侧墙、车顶和端墙等部件组成的封闭圆筒形结构。

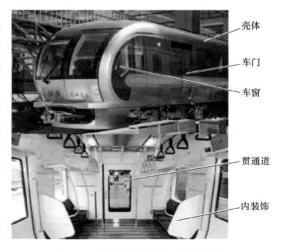

图4-3　城市轨道交通车辆车体结构

2. 车体特征

1）车体结构呈现多样性特点，一般为电动车组，有单节、双节、三节等多种形式；有带有驾驶室的头车和中间车；有动车和拖车之分等。

2）客流具有乘客数量多、旅行时间短、上下车频繁、有高峰期和平峰期之分等特点，车内服务于乘客的设施较简单，车内设置的座位数量少、车门数量多且开度大。

3）为减轻列车自重，车辆必须轻量化，对于车体承载结构一般采用大型中空截面挤压铝型材、高强度复合材料或不锈钢等采用整体承载筒形车体结构，车辆的其他辅助设施也尽量采用轻型材料和轻量化结构。

4）对防火、隔声和减噪有严格要求，尽量采用防火、阻燃、低烟和低毒的材料，降低噪声对乘客和沿线居民的影响。

3. 车体材料

城市轨道交通车辆对于车体材料要求具有一定的强度和刚度，同时要耐腐蚀，采用轻量化设计，从而能够大大节约制造材料降低牵引力消耗和城市轨道交通车辆线路的损耗。目前，城市轨道交通车辆车体材料已由碳素钢逐步发展到不锈钢、铝合金，甚至是碳纤维复合材料。

1）碳素钢。车辆自身重，耐腐蚀性差，维修费用高，材料和制造成本较低。

2）不锈钢。耐腐蚀，基本不需要定期维修保养，能满足车辆足够的强度，价格适中，通用性好，易加工。

3）铝合金。能大幅度降低车辆自重，对冲击荷载有较高的吸收能力，可降低振动减少噪声，耐腐蚀性较好，密度大，强度好，易于加工和循环使用。

4）碳纤维复合材料。与传统材料相比，碳纤维复合材料更轻、更节能、更智能，被誉为"未来地铁"。

4. 车体承载方式

按照车体结构承受荷载的方式不同，车体可分为底架承载结构、侧墙和底架共同承载结构、整体承载结构三类。

（1）底架承载结构　全部荷载由底架来承担的车体结构称为底架承载结构或自由承载结构。

（2）侧墙和底架共同承载结构　由侧墙、端墙与底架共同承担荷载的车体结构称为侧墙和底架共同承载结构或侧墙承载结构，侧墙、端墙与底架等通过固接形成一个整体，具有较高的强度和刚度。

（3）整体承载结构　车体结构是板梁式，侧墙、端墙上固接由金属板、梁组焊而成的车顶，使车体的底架、侧墙、端墙、车顶连接成一个整体，成为开口或闭口箱形结构。这种车体结构的各部分结构均承受荷载，因而称为整体承载结构。地铁车辆由底架、侧墙、车顶和端墙等部件组成的封闭圆筒形结构，即采用整体承载结构。

5. 车体外形特点

城市轨道交通车辆（以地铁车辆为例）车体断面呈鼓形（图4-4），主要原因在于：一是可适

图4-4　地铁车辆外形

度增加车体内部的有效空间；二是提高车辆在圆隧道内获得最大的空间截面面积，从而使地铁工程的整体取得较好的经济效益；三是提高了车辆在圆隧道内的"活塞"效应，加强隧道的自然通风能力。

总之，车体是城市轨道交通车辆结构的主体与基础。车体的强度、刚度关系到城市轨道交通车辆运行安全的可靠性和乘客的舒适性，车体的质量关系到能耗、加减速度、载客能力以及列车编组型式。车体结构形式、性能和技术经济指标主要取决于车体材料。对于车辆设计和制造而言，城市轨道交通行业的不断发展对车辆提出了越来越高的要求，减轻车体自重和降低能耗是必须解决的问题，主要方法就是实现车辆的轻量化。

二、车门

1. 车门的类型

车门是城市轨道交通车辆的重要组成部分，与运营安全有着密切的关系。车门系统由车门、机构锁组成、紧急解锁装置、传动装置、隔离锁闭装置构成。

车门有客室门、驾驶室门、驾驶室和客室之间的间隔门、紧急疏散门四种（图4-5）。客室门和驾驶室门的使用频率最高，乘客的上车、下车以及列车司机的登、降乘需要使用；间隔门只有在列车司机换端操作时才用到；紧急疏散门在紧急情况下客室门无法打开或列车在区间进行疏散逃生时才会使用，其使用频率较低。

图4-5 地铁车辆车门类型

2. 客室门

虽然各地城市轨道交通车辆客室门的结构和类型多种多样，但大多具有一些共性。一是有足够的有效宽度，一般城市轨道交通车辆客室门的有效开度约为1.3m，均匀分布，以便乘客上下车；二是数量足够，均匀分布，以便乘客上下车时满足密度的要求，一般城市轨道交通车辆每侧均匀分布有4~5套门；三是车门附近要有足够的空间，方便乘客上下车时间周转；四是要具有较高的可靠性，以确保乘客的安全。

根据车门的运动轨迹以及车体的安装方式，客室门可分为内藏嵌入式车门、外挂式车门、外摆式车门及塞拉门四种。

（1）内藏嵌入式车门 内藏嵌入式车门简称内藏门（图4-6），在车门开关时，门页在车辆侧墙的外墙板与内饰板之间的夹层里移动。传动机构设于车厢内侧车车门的顶部，装有导轨的门页可在导轨上移动。双扇电动内藏门的驱动机构组成包括机械控制及电气控制两部分。机械控制部分由传动导向装置、内外侧紧急解锁装置、故障隔离锁等设备共同组成，电气控制部分由门控器、驱动电动机及实现自动门功能的其他附件构成，传动

图4-6 内藏嵌入式车门

导向装置由安装底板、门扇吊挂部件、传动装置、中央锁等部件组成。

（2）外挂式车门　外挂式车门原理与内藏嵌入式完全相同，区别在于门页和悬挂机构始终位于侧墙的外侧，如图4-7所示。

（3）外摆式车门　开门时通过转轴和摆杆使门页向外摆出并贴靠在车体的外墙板上，门关闭后门页外表面与车体成一平面。其特点是当门在开启的过程中，门页需要较大的摆动空间，外摆式车门不适合城市轨道交通车辆。

（4）塞拉门　塞拉门是指车门在开启状态时，门页贴靠在侧墙的外侧，车门在关闭状态时门页外表面与车体外墙成一平面，如图4-8所示。这种结构车门不仅使车体外观美丽，而且有利于在高速行驶时减少空气阻力，车门不会因空气涡流产生噪声，也便于自动洗车装置对车体的清洗。塞拉门的开关动作是门页借助于车门上方安装的悬挂机构和导轨导向作用，由电动机驱动机械传动机构使门页沿着导轨滑动。

图4-7　外挂式车门

图4-8　塞拉门

3. 驾驶室门

对城市轨道交通车辆而言，驾驶室门一般采用折页门或手动塞拉门。塞拉门分为内塞拉门和外塞拉门，城市轨道交通车辆一般采用外塞拉门，车门由外塞入车门口处，使之关门密封。

4. 间隔门

驾驶室和客室之间的间隔门（图4-9）用于分隔驾驶室和客室，在紧急情况下，乘客可通过该门进入驾驶室，再通过紧急疏散门从逃生梯进入隧道。

5. 紧急疏散门

当遇到紧急情况时，打开紧急疏散门，通过逃生梯安全离开列车。紧急疏散门系统设置在驾驶室前端，是保证紧急情况下能及时疏散乘客的逃生系统。在正常情况下，紧急疏散门（图4-10）处于锁闭状态，起到隔声、隔热、

图4-9　间隔门

密封等作用，保证驾驶室正常工作环境，在紧急情况下，可手动将紧急疏散门向上打开，并配合紧急疏散梯，用于疏散人群。

图 4-10　紧急疏散门

三、转向架

转向架也称为台车，位于车体底架和钢轨之间，主要支承车体的垂直荷载，产生并传递牵引力和制动力，引导车辆沿着轨道运行的走行装置。转向架的结构及各部参数是否合理直接影响车辆的运行品质、动力性能和行车安全。因此，转向架是城市轨道交通车辆的重要组成部分，也是轮轨系统车辆安全运行和发展的核心技术。

1. 转向架的作用

1）采用转向架可增加车辆的载重、长度和容积，提高列车运行速度。

2）保证在正常运行条件下，车体都能可靠地坐落在转向架上，并通过轴承装置使车轮沿着钢轨的滚动转化为车体沿线路运动的平动。

3）支承车体，承受并传递来自车体与轮对之间或钢轨与车体之间的各种荷载及作用力，并使轴重均匀分配。

4）适应轮轨接触状态的变化，充分利用轮轨之间的黏着，传递牵引力和制动力。

5）保证车辆安全运行，能灵活地沿线路运行及顺利通过曲线。

6）转向架上的弹簧减振装置使其具有良好的减振特性，缓和车辆和线路之间的互相作用，减少振动和冲击，提高车辆运行的平稳性和安全性。

扫一扫

转向架的组成

2. 转向架的类型

城市轨道交通车辆转向架有动力（动车）转向架和非动力（拖车）转向架之分，如图4-11 所示。动车转向架上装有牵引电动机及传动装置，非动力转向架上则没有。

图 4-11　动力转向架与非动力转向架

3. 转向架的组成

城市轨道交通车辆转向架一般由构架、轮对轴箱装置、弹性悬挂装置、牵引装置、驱动装置等组成，如图 4-12 所示。

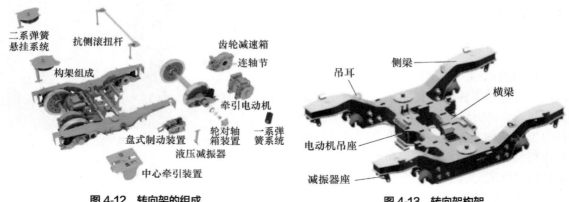

图 4-12 转向架的组成

图 4-13 转向架构架

（1）构架 构架（图 4-13）是转向架的骨架，它把转向架的零部件组成一个有机整体，其作用是承受并传递车体与轨道间的各种作用力，要求尺寸精度高，结构、形状尺寸都应满足且便于各零部件的组装，具有足够高的强度和刚度。

就制造工艺而言，转向架的构架主要有铸钢构架和焊接构架两种形式。铸钢构架由于质量大、铸造工艺复杂，使用中受到一定的限制，城市轨道交通车辆中一般不采用铸钢构架。焊接构架不仅具有足够的强度，而且质量轻、材料利用率更高，只是对制造设备要求较高，成本也较高。就结构形式，构架分为开口式、封闭式、H 形、日字形、目字形等。

（2）轮对轴箱装置 轮对轴箱装置（图 4-14）是车辆重要部件之一，由一根车轴和两个相同的车轮组成，车轴采用优质碳素钢加热锻压成型，经过热处理和机械加工制成，两端还要与轴箱油润装置配合，保证车辆安全运行。轮对的作用是引导车轮沿着钢轨滚动完成车辆的运行，除了传递车辆重力外，还传递轮轨之间的牵引力和制动力。轮对性能的好坏，直接影响行车安全。

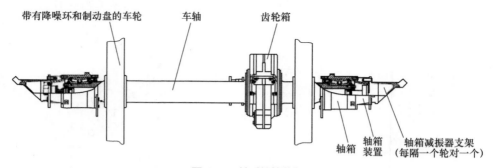

图 4-14 轮对轴箱装置

轮对的内侧距是保证车辆安全运行的重要参数，轮对在钢轨上滚动时，轮对内侧距应保证在最不利的条件下，车轮踏面在钢轨仍有足够的安全搭接量，不致造成掉道，同时还应保证车辆在线路上运行时轮缘与钢轨间有一定的游隙。轮缘与钢轨间的游隙太小，可能会造成轮缘与钢轨的严重磨耗；轮缘与钢轨间的游隙太大，会使轮对蛇行运动的振幅增大，影响车辆运行品质。我国城市轨道交通车辆轮对内侧距为（1353 ± 2）mm，轮对结构还应有利于车辆顺利通过曲线和安全通过道岔。

（3）弹性悬挂装置 弹性悬挂装置也称为弹簧减振装置，由于线路的不平顺、轨缝隙、道岔，轨面缺陷和磨耗以及车轮踏面的斜度、擦伤和轮轴的偏心等原因，必将伴随产生复杂的振动和冲击。为提高车辆运行的平稳性，保证乘客的舒适，必须设有弹性悬挂装置。

城市轨道交通车辆悬挂方式分为一系悬挂和二系悬挂两种，采用二系悬挂可减少整个车辆悬挂装置的总刚度，增大弹簧静挠度，改善车辆垂向运动平稳性，减少车辆与线路之间的动作用力。地铁、轻轨车辆一般采用二系悬挂装置。

（4）牵引装置 牵引装置是车体与转向架的连接部分，由连杆组装、牵引座、中心销等构成，为车体与转向架之间提供了合适的纵向刚度，减少牵引中心销牵引和制动时的冲击，使列车运行平稳。因此，其结构应能满足安全可靠地架承车体，并传递各种荷载和作用力，同时车体与转向架之间应能绕不变的旋转中心相对转动，以使车辆顺利通过曲线。

（5）驱动装置 驱动装置为动车转向架所特有的，主要由牵引电动机、联轴器、齿轮箱、齿轮箱悬挂装置以及动力轮对等组成。驱动装置实际上是指将动车传动系统传来的能量最后有效地传给轮对（或车轮）的执行装置，既提供牵引力，也提供制动力（电制动力），它将牵引电动机的转矩有效地转化为转向架轮对转矩，利用黏着机理，驱使动车沿着钢轨运行。驱动装置也是一种减速装置，使高转速、小转矩的牵引电动机驱动具有较大阻力矩的动轴。

四、制动装置

制动是指人为使列车减速或阻止其加速的过程，使列车减速或阻止其加速的力称为制动力，产生并控制制动力的装置称为制动装置（图 4-15）。城市轨道交通车辆必须安装制动装置，其作用是根据需要使车辆按照规定减速、停车。

制动系统由制动控制系统和制动执行系统组成。制动控制系统是制动系统的核心，它接受列车司机或自动驾驶系统的指令，并采集车上各种与制动有关的信号，将指令与信号进行计算，得出列车所需的制动力，再向动力制动系统和空气制动系统发出制动信号。制动执行系统分为摩擦制动和动力制动两种类型。

图 4-15 制动装置

1. 摩擦制动

摩擦制动也称为机械制动、空气制动，是指制动时通过摩擦的方式将列车的运动动能转变为热能，消散于大气中，从而产生的制动作用，主要包括闸瓦制动、盘形制动和磁轨制动。

（1）闸瓦制动 闸瓦制动（图 4-16）也称为踏面制动，是最常用的一种制动方式。制动时，闸瓦压紧车轮，轮、瓦之间发生摩擦，将列车的运动动能通过轮、瓦摩擦转变为热能，

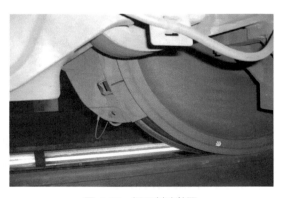

图 4-16 闸瓦制动装置

消散于大气中。

（2）盘形制动　在车轴上或在车轮辐板侧面安装制动盘，用制动夹钳使用合成材料制成的两个闸片紧压制动盘侧面，通过摩擦产生制动力，把列车动能转化为热能，消散于大气中从而实现制动。制动盘安装在车轴上称为轴盘式，安装在车轮侧面称为轮盘式。

（3）磁轨制动　在转向架构架侧梁下通过升降风缸安装有电磁铁，电磁铁下设有磨耗板，以电操纵并作为动力来源。制动时，将导电后起磁感应的电磁铁放下压紧钢轨，使它与钢轨发生摩擦而产生制动，如图 4-17 所示。其优点是制动力不受轮轨间黏着限制，不易使车轮滑行，但质量较大增加了车辆的自重。

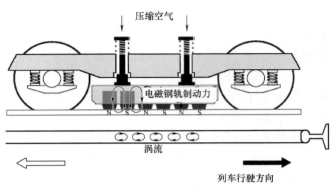

图 4-17　磁轨制动

2. 动力制动

动力制动又称为电制动，列车制动时将动能通过发电机转化为电能，再将电能送回电网变成热能散发到空气中，动力制动包括再生制动、电阻制动两种形式。

（1）再生制动　再生制动是指在制动初期，动车的电动机转变为发动机，将列车制动产生的动能转化为电能，供车辆的其他负载使用或反馈回电网，如图 4-18 所示。这种制动既节约能源，又减少制动时对环境的污染，基本上无磨耗。

（2）电阻制动　电阻制动是将发电机发出的电能加于电阻上，使电阻发热，将电能转变为热能。如果列车所在的供电区段没有其他列车处于牵引状态，而辅助用电系统不能完全消耗再生的

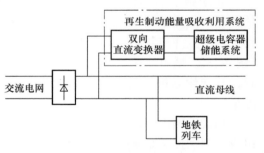

图 4-18　再生制动原理图

电能，电荷就会在电容上集聚。当电荷集聚到一定程度时，制动斩波器开始工作，将多余的电能送到制动电阻上消耗掉。

> 📝 **小知识**
>
> 　　概括来说，城市轨道交通车辆常用制动方式为再生制动、电阻制动和摩擦制动，在制动过程中，第一优先级制动为再生制动，第二优先级制动为电阻制动，第三优先级制动为摩擦制动。

3. 制动模式

（1）常用制动　在常用制动模式下电制动和空气制动一般都处于激活状态，为优先遵循原则。一般情况下，电制动能满足车辆制动要求，当电制动不能满足制动要求时，空气制动能够迅速平滑地补充，实现混合制动作用。

（2）快速制动　快速制动具有电制动不起作用，仅空气制动；受冲击率极限的限制；主控制器手柄回"0"位，可缓解特点；还具有防滑保护和荷载修正功能。

（3）紧急制动　紧急制动的特点如下：失电制动，得电缓解；电制动不起作用仅空气制动；高速断路器断开，受电弓降下；不受冲击率极限的限制；紧急制动实施后是不能撤除的，列车必须减速，直到完全停下来；具有防滑保护和荷载修正功能。

（4）弹簧停放制动　弹簧停放制动缸充气时，停放制动缓解；弹簧停放制动缸排气时，停放制动施加；还附加有手动缓解的功能。

（5）保压制动　保压制动是为防止列车在停车前的冲动，使列车平稳停车，通过制动控制单元内部设定的执行程序来控制。

五、车辆连接装置

由于城市轨道交通车辆由多节车厢编组，车辆之间必须设有连接装置。连接装置主要包括车钩缓冲装置和贯通道装置，具体由车钩、缓冲器、电气连接及风挡、渡板等部分组成。

车钩缓冲装置由车钩和缓冲装置两部分组成，是城市轨道交通车辆最基本的部件，也是最重要的部件之一。其安装于城市轨道交通车辆车体底架的两端，作用是实现车辆与车辆之间的连接，使彼此之间保持一定的距离，并且传递、缓和列车在运行中或在调车作业时所产生的牵引力、制动力和纵向冲击力，同时连接车辆间的电路和气路。

1. 车钩

车钩有刚性车钩和非刚性车钩，城市轨道交通车辆车钩为刚性车钩，具体分为全自动车钩、半自动车钩和半永久车钩三种。

（1）全自动车钩　全自动车钩位于列车端部，其电气和风路连接装置都组装在钩头上，可实现机械、气路和电路的完全自动连挂和解钩。我国城市轨道交通车辆自动车钩主要有两种，一是国产密接式车钩（图4-19），二是沙库（Scharfenberg）密接式自动车钩，采用拉杆式连接结构。在车辆编组表达式中，全自动车钩用"–"表示。

图4-19　国产密接式车钩

（2）半自动车钩　半自动车钩用于两个编组单元之间的车辆连挂，其机械和气路连接机构作业原理基本上与全自动车钩相同。可实现自动连挂和解钩，或人工解钩，但电路必须依靠人工连挂和解钩，以方便检修作业。在车辆编组表达式中，半自动车钩用"="表示。

（3）半永久车钩　半永久车钩用于同一单元内车辆之间的编组，使之编组成单元，列车单元在运行过程中一般不需要分解，只在架车作业时才进行分解，其机械、气路和电路的连接和解钩都需要人工操作。在车辆编组表达式中，半永久车钩用"*"或"+"表示。

2. 缓冲装置

缓冲装置是城市轨道交通车辆牵引连挂装置的中央组成部分，主要用来传递和缓和纵向冲击力。城市轨道交通车辆采用的缓冲装置有层叠式橡胶金属片缓冲器、环弹簧缓冲器、环形橡胶缓冲器、弹性胶泥缓冲器、带变形管的橡胶缓冲器和可压溃变形管六种形式。

3. 贯通道装置

贯通道装置（图4-20a）即为风挡装置，位于城市轨道交通车辆两车厢的连接处，可适应车厢之间所有可能产生的相对位移，且应该具有良好的防雨、防风、防尘、隔声、隔热等功能，能使乘客安全、方便地穿行于车厢之间，保护乘客不受外力伤害。为使车厢内美观，贯通道也要进行必要的装饰，使之与车厢内环境保持一致，为乘客营造一个舒适温馨的乘车环境。

4. 渡板装置

渡板装置（图 4-20b）能够保证追随与适应连挂列车运行过程中的各种复杂运动，具有足够的强度与刚度，能够确保乘客安全通过，并为站立的乘客提供安全的地方。其能承受 9 人 /m² 的压力负荷，表面无凸起物及障碍物。

a)   b)

图 4-20　贯通道和渡板装置

六、牵引传动系统

城市轨道交通车辆用电动机驱动实现车辆牵引和传动控制方式，称为牵引传动系统，主要包括受流器、电气传动控制系统等。

1. 受流器

受流器也称为受流装置，是指城市轨道交通车辆接受供电装置，即列车将外部电源引入车辆电源系统的重要设备。根据线路供电方式的不同，列车受流装置分为集电靴和受电弓两种，集电靴主要应用于第三轨方式供电线路，受电弓主要应用于接触网方式供电线路，如图 4-21 所示。

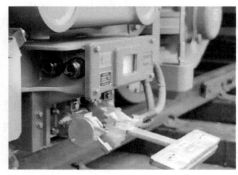

图 4-21　集电靴和受电弓

2. 电气传动控制系统

电气传动控制系统由电气控制系统、电气执行系统组成。电气控制系统由控制发生、控制信号传输的电子器件及控制电器组成，分为直流和交流控制系统。电气控制执行系统由牵引电动机组成。

七、辅助电源系统

城市轨道交通车辆照明、通风、空调、控制等用电均由辅助电源系统供给，包括辅助逆变器和低压电源两部分。城市轨道交通车辆装有蓄电池，用作控制电源和辅助电源停止工作后的紧急电源。

发电机组将供电线路的直流电源经过发动机组变成三相交流电源，供交流用电使用，在经过整流装置供直流电源使用，如图 4-22 所示。

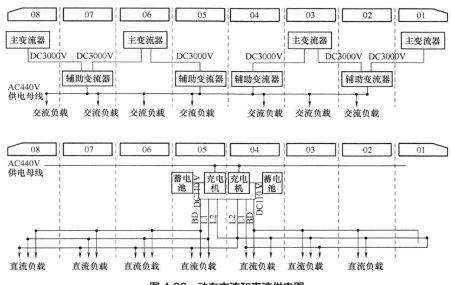

图 4-22　动车交流和直流供电图

八、通风、空调、供暖及照明装置

城市轨道交通车辆因运量大，乘客拥挤、空气污浊，为提高乘客乘车舒适度，就必须设有通风和空调装置。通风方式有机械通风和人工通风，城市轨道交通车辆一般采用机械通风。有的城市轨道交通车辆座椅还设有加热器，在天气较冷时期极大地提高了乘客的舒适度。

城市轨道交通车辆的照明装置由前照灯、驾驶室照明、客室照明组成，前照灯要能照射足够的距离，以保证行车安全。

九、列车自动控制、监控系统

列车自动控制系统就是将城市轨道交通行车指挥信息传输到车辆的接收装置，不断获得行车信号的显示功能，以限速、加速、保持行车间隔的安全作用，实现无人驾驶。监控系统是将列车及车辆运行状态、主要机电设备的工作状态进行显示及存储，主要用途是保证行车安全及故障分析。列车自动控制及监控系统安装于车辆驾驶室内，如图 4-23 所示。

图 4-23   列车自动控制及监控系统

任务三   城市轨道交通车辆基地的认知

任务目标

了解车辆段的功能划分。

知识课堂

城市轨道交通车辆基地包括车辆段（停车场）、综合维修中心、物资总库、培训中心和其他生产、生活、办公等配套设施。车辆基地的功能、布局和各项设施的配置，应以车辆段或停车场为主体，根据车辆运用、检修的作业要求和地形条件等统筹安排、合理布置，同时考虑城市轨道交通线网车辆基地的规划布置和既有车辆基地的功能及分布情况，实现线网车辆基地的资源共享。

一、车辆段

车辆段（停车场）是车辆停放、检查、整备、运用和修理的管理中心所在地。一般情况下一条线路设一个车辆段，也可以多线共用。若运行线路较长，为有利于运营和分担车辆的检查清洗工作量，可在线路的另一端设停车场，负责部分车辆的停放、运用、检查和整备工作。目前国内大多数城市根据自身工作特点需要，已将车辆段与综合维修中心规划及建设在一起，实行集中统一管理。

1. 车辆检修

车辆检修一般采用日常维修和定期检修相结合的检修制度，日常维修和定期检修的修程和周期需根据车辆技术条件、车辆的质量和既有车辆基地的检修经验制订。城市轨道交通车辆检修修程一般分为列检、双周检、三月检、定修、架修和大修，各级修程是按车辆的运营里程数或运营时间，对车辆进行不同等级的周期性维修，其内容的制订应遵循高一级修程包含低一级修程内容的原则，且在各类磨损件限度标准的制订上，必须要保留足够的使用余量至下一修程（表4-3）。

表4-3　城市轨道交通车辆检修修程和检修周期

类　　别	检修修程	日常维修和定期检修周期指标		检 修 时 间
		走行里程 / 万 km	时 间 间 隔	
定期检修	大修	120	10 年	35 天
	架修	60	5 年	20 天
	定修	15	1.25 年	7 天
日常维修	三月检	3	3 月	2 天
	双周检	0.5	0.5 月	0.5 天
	例检	—	每天或每两天	—

车辆段可根据作业范围分为大修段、架修段和定修段，大修段、架修段主要承担车辆的大修和架修及以下修程作业；定修段主要承担车辆的定修及以下修程作业。检修库（图4-24）的平面布置主要取决于车辆的配属量、车辆的修程、检修方式及其工艺流程，同时要综合考虑自然地形条件，工件运输线路以及安全、防火和环保要求等因素。

图4-24　车辆段检修库

（1）双周、三月检修库　双周检、三月检是在检修库内对列车走行部、车体及车顶设备进行检查。为便于作业和保证安全，线路应采用架空形式。除线路中间设置地沟外，在检修线两侧应设 3 层立体检修场地，地层地坪低于库内地坪，可以对走行部以及车体下布置的电气箱、制动单元、蓄电池进行检查。另要对车辆顶部的受电弓、空调设备进行检修，车顶平台设有安全栏杆，还应设置受电弓、空调装置、车载信号、试验设备等辅助工间以及备品工具间。

（2）定修库　定修库线路采用架空形式，中间设检修地沟，线路两侧设置 3 层检修场地。车库设起重机，可吊装车辆的大部件。主要是预防性修理，需要架车，对各大部件的技术状态和作用仔细检查，对检查发现的故障进行针对性修理，对车上仪器和仪表进行校验，车辆组装后要经过静调和试车。

（3）架修库　架修主要是检测和修理大型部件，如转向架、牵引电动机、传动装置等。同时经过架车，对车辆各部件进行解体和全面检查、修理、试验，对计量仪器仪表进行校验，车体要重新刷油漆标记，组装后进行静调和试车。

（4）大修库　大修也称为厂修，是全面恢复性修理，对车辆全面解体、检查、整形、修理和试验，要求完全恢复其功能，组装后车体要重新刷油漆、标记、静调和试车。大修后的车辆基本上达到新车出厂水平。

2. 车辆停放

车辆段用于停放车辆的场所通常称为停车库，兼有整备、清扫、日常检查和列车司机出乘等多种功能，如图 4-25 所示。承担的任务有：车辆的停放、洗刷、清扫以及车辆列检和乘务工作；停车场所在正线运营列车的故障处理和救援工作；车辆定修以下车辆的各级日常检查维修等。为实现这些功能，停车库除设有停车线外，还设有运用车间、运转值班室、列车司机待班室等列车司机出乘用房以及列车和列车承载信号检修用房。停车线兼作车辆列检线，应有检查地沟。

图 4-25　重庆轨道交通 3 号线停车库

3. 主要设备

（1）运输设备　城市轨道交通车辆段运输设备有平地两用电动牵引车、移车台、轨道车及转轨设备等。

（2）升降设备　城市轨道交通车辆段升降设备包括架车机、落轮升降台等。架车机是车辆段必备设备，用于车辆检修时的高架，分为固定式架车机和移动式架车机，可以省去在地面挖检修坑时的不便。

（3）清洗设备　城市轨道交通车辆段清洗设备包括洗车机、转向架冲洗机、各种高压清洗机、超声波洗涤机等。

（4）修理加工设备　城市轨道交通车辆段修理加工设备包括不落轮镟床、转向架提升机、轮对压装机和轨道打磨机等，如图 4-26 所示。不落轮镟床，即在不需要任何拆卸的情况下，对车辆的轮对进行镟削外廓操作，并可对单个转向架或单个轮对进行镟削外廓操作；转向架提升机主要用于城市轨道交通车辆转向架分解、组装时，将转向架提升到合适高度，以便于进行分解、组装作业。

（5）试验检测设备　城市轨道交通车辆段试验检测设备包括列车静调试验台、转向架试验台、超声波轮对探伤仪、轮缘轮距测量仪、车门驱动空气压力测量装置等。

二、综合维修中心

综合维修中心一般满足全线线路、路基、轨道、桥梁、涵洞、隧道、房屋建筑和道路等设施的维修、保养以及供电、通信、信号、机电设备和自动化设备的维修和检修工作的需要。综合维修中心根据其规模和工作范围可分为维修中心、维修工区和维修组，维修中心设于车辆段内，维修工区或维修组设于停车场。

综合维修中心需根据各专业的作业内容配备必要的设备和轨道检测车、接触网检修车、磨轨车、轨道车及平板车等工程车辆，并应配备相应的线路和工程车库。

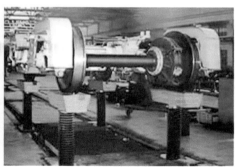

图 4-26　车辆段修理加工设备

三、物资总库

物资总库主要承担城市轨道交通系统材料、配件、设备和机具及劳保用品等的采购、存放、发放任务和管理工作，一般设在大修库、架修库内，也可在定修库或停车库分别设物资分库或材料库。物资总库、物资分库设有各种仓库、材料棚、材料堆放场地和必要的办公、生活房屋，同时根据需要配备起重设备和汽车、蓄电池等运输车辆。

四、培训中心

一个城市轨道交通系统一般只设一个培训中心，主要负责组织和管理职工的技术教育和培训工作。培训中心应设列车司机模拟驾驶装置和其他系统模拟设施，并应设教室、试验室、图书馆、阅览室和员工办公和生活用房以及必要的教学设备和配套设施。此外，车辆基地一般还设有救援办公室，并配备相应的救援设备和设施。

复习与思考

1. 简述城市轨道交通车辆的特点。
2. 简述城市轨道交通车辆编组及具体表达意义。
3. 简述城市轨道交通车辆机械组成部分和电气组成部分的功能。
4. 简述城市轨道交通车辆段功能区域的划分。

项目五

城市轨道交通供电系统

项目导入

供电系统是城市轨道交通系统的重要组成部分，不仅为城市轨道交通车辆提供牵引用电，还为照明、通风、空调等其他设施设备提供电能。没有安全可靠的供电系统，没有牵引系统足够的动力支持，就不可能有城市轨道交通系统的正常运行。城市轨道交通供电系统由哪些部分组成？各组成部分具有什么功能？接触网有几种类型？杂散电流具有什么危害？本项目将回答这些问题。

任务一　城市轨道交通供电系统组成的认知

任务目标

1. 熟悉城市轨道交通供电系统的组成及功能。
2. 熟悉城市轨道交通供电系统的供电制式、供电方式。

知识课堂

城市轨道交通供电系统是城市轨道交通系统的重要组成部分，在运营期间供电一旦中断，不仅列车运行会瘫痪，而且还有可能危及乘客生命安全，造成财产损失。因此，高度安全、可靠且经济合理的电力供给是城市轨道交通系统正常运营的重要保障和前提。

一、城市轨道交通供电系统概述

1. 城市轨道交通供电系统的概念

城市轨道交通供电系统是指由电力系统经高压输电网、主变电站（所）降压、配电网络和牵引变电所（站）降压、整流等环节，

扫一扫

供电系统的组成

向城市轨道交通系统输送电力的能源系统。

　　城市轨道交通电源取自城市电网，通过城市电网外部供电系统（或一次供电系统）和城市轨道交通供电系统实现输送或变换，最后以适当的电压等级、一定的电流形式供给用电设备。城市轨道交通供电系统归纳起来包括两大部分：一是对沿线牵引变电所输送电力的高可靠性外部供电系统；二是从直流牵引变电所经降压、换流后，提供给车辆的直流牵引供电系统和动力照明供电系统，如图5-1所示。从具体组成来看，城市轨道交通供电系统一般包括高压供电系统、牵引供电系统、动力照明供电系统和电力监控系统四个子系统。

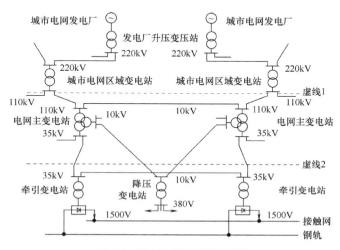

图5-1　城市轨道交通供电系统

2. 城市轨道交通供电系统的基本要求

　　（1）供电系统必须安全可靠　城市轨道交通电动列车和车站设备都是为乘客提供服务的设备，在运营过程中，一旦供电中断，受影响最大的是行车和客运两个部门。为此，各变电站须采用两路进线，并互为备用；设计电源容量时应为发展留有余地；而且应选用先进、可靠的电气设备，采用模块化的计算机控制系统，实现实时监控、调度自动化的运行模式；以专人定时巡视检查为辅助手段。

　　（2）供电系统必须满足不同用户需求　城市轨道交通系统内各用电单位对供电有不同的需求，为了满足各单位的用电要求，首先要对供电负荷进行分类。按供电对象的重要性，将供电系统分成以下三级：

　　1）一级负荷。对城市轨道交通电动列车、通信设备、信号设备、消防设备等，必须确保不间断供电。一级负荷必须采用双电源双回线路供电，当任何一路电源失电后，应自动、迅速地切换至另一路电源。

　　2）二级负荷。对城市轨道交通车站空调、自动扶梯等，应确保连续供电，万一停电会影响客运服务质量，但并不影响列车运行安全。二级负荷采用双电源单回线路供电。

　　3）三级负荷。对城市轨道交通车站的商业、广告照明等，应确保其正常供电。三级负荷采用单电源单回线路供电。

3. 城市轨道交通供电系统的供电制式

　　供电制式是指供电系统向电动车辆所采用的电流和电压制式，如直流制或交流制、电压等级等。各种电流制的频率与电压见表5-1。

表 5-1　各种电流制的频率与电压

电 流 制		频率 /Hz	电压 /V
直流制		直流	600、750、1200、1500、3000
交流制	单相	16（2/3）	11000、15000
		25	66000、11000
		50	6600、16000、20000、25000
		60	20000、25000
	三相	16（2/3）	37000
		25	6000

　　城市轨道交通采用直流供电：一是直流牵引电动机结构简单、运行可靠，采用再生制动简单易行，更重要的是其牵引性能良好；二是直流电适合电气牵引的调速要求，低速时牵引力大，高速时牵引力小；三是接触网结构简单，建设投资少，电压损失少。

　　国际电工委员会拟定的城市轨道交通牵引用电电压标准为：直流电压 600V、750V 和 1500V 三种，我国国家标准采用直流电压 750V 和 1500V 两种。

二、高压供电系统

　　如图 5-2 所示，虚线 2 以上，即从发电厂经升压、高压输电网、区域变电所至电网主变电站部分通常称为城市轨道交通外部供电系统。

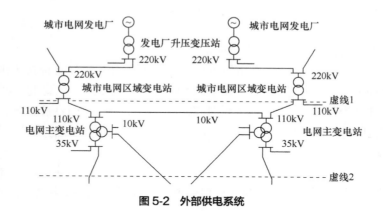

图 5-2　外部供电系统

1. 高压供电系统

　　高压供电系统是城市电网对轨道交通系统内部变电所的供电系统，由发电厂、电力传输线路和城市电网区域变电所组成。供电系统为双路电源，使其获得不间断的电源。

　　（1）发电厂　发电厂又称为发电站，是将自然界蕴藏的各种一次能源转换为电能（二次能源）的工厂。根据能源的不同，靠火力发电的称火电厂，靠水力发电的称水电厂，还有些靠太阳能（光伏）和风力与潮汐发电的电厂，而以核燃料为能源的核电厂正在发挥越来越大的作用。

　　（2）电力传输线路　电力输送是指由发电厂或电源由某处输送到另一处的一种方式，通过输电，把相距甚远的发电厂和用电单位联系起来，使电能的开发和利用超越地域的限制。电力传输线路的特点是电压高，距离长。

（3）城市电网区域变电所　在电力系统中，发电厂将一次能源转变为电能，向用电单位送电。为减少输电线路上的电能损耗及线路阻抗压降，需要将电压升高；为满足电力用户安全用电的需要，又要将电压降低，并分配给各个用户。能升高和降低电压，并能分配电能的就是变电所，变电所具有变换电压、集中电能、分配电能、控制电能以及调整电压的作用。

在区域变电所中，电能先经过降压变压器把110kV或220kV的高压降低，再经过三相输电线输送给本区域内的各用电单位。

2. 城市轨道交通电网主变电所

主变电所简称主变，其作用是将城市电网提供的110kV三相交流电压，经其降压后以中压电压等级（35kV或10kV）配送给城市轨道交通沿线的各个牵引变电所和降压变电所。主变电所承担着城市轨道交通所有用户的供电，一旦主变电所因故失电，将直接影响一级、二级、三级负荷的供电。因此，主变电所的供电必须可靠，必须设有两路以上的进线电源。

对城市轨道交通某条线路而言，一般应设置两座或两座以上主变电所。当任一主变电所停电且另一主变电所一路电源进线失电时，可切除城市轨道交通供电系统属于二级、三级负荷的用电，以保证全部牵引变电所不间断地供电，使电动列车仍能继续运行。

3. 高压供电系统的供电方式

高压供电系统的供电方式有集中式供电、分散式供电和混合式供电三种。

（1）集中式供电　集中式供电是指城市电网（通常是110kV或66kV电压等级）向城市轨道交通的专用主变电所供电，主变电所再向牵引变电所和降压变电所供电，自身组成完整的供电网络系统。集中式供电有利于城市轨道交通供电形成独立体系，便于管理和运营。

（2）分散式供电　分散式供电是指沿城市轨道交通线路的城市电网（通常是10kV电压等级）分别向各沿线的牵引变电所和降压变电所供电，其前提条件是城市电网在沿线有足够的变电站和备用容量，并能满足牵引供电的可靠性要求。早期的北京地铁采取的就是这种供电方式。

（3）混合式供电　混合式供电是前两种供电方式的结合，可充分利用城市电网的资源，节约投资，但供电可靠性不如集中式供电，管理也不够方便。一般以集中供电为主，个别地段引入城市电网电源作为集中式供电的补充，使供电系统更加完善和可靠。

三、牵引供电系统

牵引供电系统（图5-3）主要由牵引变电所和牵引网组成。牵引变电所将三相高压交流电变成适合电动车辆应用的直流电，馈电线再将牵引变电所的直流电送到接触网上，电动车辆通过受流器与接触网的直接接触获得电能。牵引供电系统为一级负荷，必须采用双电源双回线路供电。

1. 牵引变电所

城市轨道交通列车是以一定的速度沿区间运行的，供给一定区段内牵引电能的变电所称为牵引变电所。其作用是降压，并将三相电源

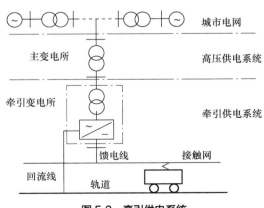

图5-3　牵引供电系统

转换成两个单相电源，然后通过馈电线分别供电给牵引所两侧的接触网。牵引变电所是向电动列车提供直流牵引电源的重要设施，是城市轨道交通供电系统的心脏，城市轨道交通电动列车都由接触网或第三轨获取直流牵引电源。

牵引变电所的设置数量及地点要根据具体情形而定，为确保电动列车供电的可靠性，通常每3座车站的两个区间就设置一座牵引变电所。万一发生局部供电故障，牵引变电所能进行跨区域的供电，冗余的供电网络确保了电动列车供电的可靠性。

牵引变电所的主要设备是变压器和整流器。变压器是利用电磁感应的原理来改变交流电压的装置；整流器是把交流电转换成直流电的装置。

2. 牵引网

牵引网是指沿线路敷设专为电动车辆供给电源的装置，包括馈电线、接触网、轨道、回流线，是城市轨道交通供电系统向电动列车供电的直接环节，如图5-4所示。

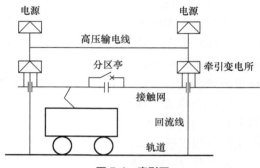

图5-4　牵引网

3. 牵引供电系统的运行方式

牵引变电所通过接触网向电动车组供电，每个牵引变电所负责向两侧区间供电。如果供电距离过长，牵引电流在接触网上的电压降就会很大，导致末端电压过低及电能损耗过大，直接影响电动车组运行；供电距离过短，牵引变电所数量多，投资大。牵引变电所向接触网供电方式有单边供电、双边供电和越区供电三种。

（1）单边供电　两个牵引变电所之间将接触网分成两个供电分区（又称为供电臂），正常情况两相邻供电臂之间的接触网在电气上是绝缘的，每个供电分区只从一端牵引变电所获得电能的供电方式称为单边供电（图5-5）。单边供电时，相邻供电臂电气上独立，运行灵活；接触网发生故障时，只影响到本供电分区，故障范围小；牵引变电所馈电线保护装置较简单。

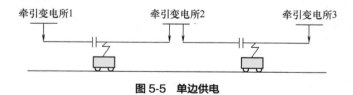

图5-5　单边供电

（2）双边供电　若两个供电分区通过开关设备在电路上连通，两个供电分区可同时从两个牵引变电所获得电能，这种供电方式称为双边供电（图5-6）。双边供电可提高接触网电压水平，减少电能损耗。

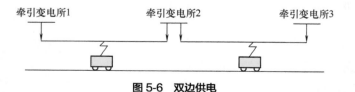

图5-6　双边供电

（3）越区供电　越区供电（也称为事故供电方式）是指当某一牵引变电所因故障不能正常供电时，故障变电所担负的供电臂，经开关设备同相邻的供电臂接通，由相邻牵引变电所进行临时供电。在越区供电方式下运行，供电末端的接触网电压降低，电能损耗较大。越区供电是一种非正常供电方式。

四、动力照明供电系统

动力照明供电系统（图 5-7）提供车站和区间各类照明、扶梯、风机、水泵等动力机械设备电源和通信、信号、自动化等设备电源，由降压变电所和动力照明配电系统组成。动力照明供电系统按供电可靠性要求及失电影响程度有一级、二级和三级负荷，可采用双电源双回线路、双电源单回线路和单电源单回线路供电。

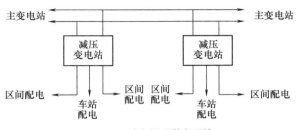

图 5-7　动力照明供电系统

1. 降压变电所

降压变电所将三相电源进线电压降压变为三相 380V 或 220V 交流电，每个车站应设降压变电所和配电室。降压变电所的主要用电设备是风机、水泵、照明、通信、信号、防火报警设备等，配电室仅起到电能分配作用，降压变电所通过配电室将三相 380V 和单相 220V 交流电分别供给动力照明设备，各配电室对本车站及其两侧区间动力和照明等设备配电。

2. 动力照明配电系统

车站动力照明采用 380V 或 220V 三相五线制系统配电。正常情形下，工作照明、事故照明均由交流供电；当交流电源失去时，事故照明自动切换为蓄电池供电，确保事故期间必要的紧急照明。城市轨道交通车站设备负荷分为以下三类：

（1）一级负荷　火灾自动报警系统设备、消防泵、防排烟风机、防火门、消防电扶梯、应急照明、主排水站、自动售检票设备、通信信号系统设备、电力监控系统设备、综合监控系统设备等。

（2）二级负荷　乘客信息系统、站厅站台公共区照明、普通风机、排污泵、工作照明及非消防疏散用自动扶梯等。

（3）三级负荷　区间检修设备、车站空调制冷及水系统设备、广告照明、清洁设备等。

五、电力监控系统

城市轨道交通电力监控系统作为综合监控系统的重要子系统，主要对城市轨道交通全线各类变电站、接触网等电力设备运行情况进行分层分布远程实时监视、控制和采集，处理供电系统的各种异常事故及报警事件，保障系统的正常运行。

当前城市轨道交通电力监控系统主要采用电力远动监控系统，实现在运营控制中心对供电系统进行集中管理和调度、实时控制和数据采集，除可充分实现遥控、遥信、遥测、遥调、遥视功能监控供电系统设备的运行情况，及时掌握和处理供电系统的各种事故、报警事件外，还可利用该系统的后台工作站对供电系统进行数据归档和报表统计。

任务二　城市轨道交通接触网的认知

任务目标

1. 了解地下杂散电流的产生及防护措施。
2. 熟悉接触网的特点及分类。

知识课堂

接触网是城市轨道交通电力牵引系统的重要组成部分，架设在轨道结构的上方或边上，是一种特殊的输电线。接触网通过接触线将电能输送给城市轨道交通电动列车，其质量的优劣将直接影响行车安全和运输经济效益。

一、牵引网

牵引网是指沿城市轨道交通线路敷设的专为电动列车供给电源的装置，是城市轨道交通供电系统向电动列车供电的直接环节，由正极接触网供电，负极走行轨回流。在城市轨道交通电动列车运行过程中，电能从牵引变电所经馈电线送到接触网，从接触网通过列车的受流器送到电动列车，再经过走行轨、回流线流回牵引变电所，如图5-8所示。在这个闭合回路中，通常将接触网、馈电线、回流线、轨道电路统称为牵引网。各部分的名称及功能具体如下：

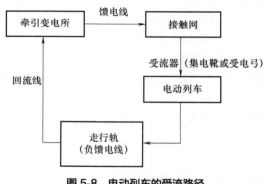

图5-8　电动列车的受流路径

（1）接触网　经过电动列车的受流器向电动列车供给电能的导电网。
（2）馈电线　连接牵引变电所和接触网的导线，将牵引变电所变换后的电能送到接触网。
（3）回流线　用以供牵引电流返回牵引变电所的导线。
（4）轨道电路　利用走行轨作为牵引电流回流的电路。

二、杂散电流

1. 杂散电流的产生

在直流牵引供电系统中，设计电路时以架空接触网或第三轨为馈电线，以走行轨为回流线。实际上电动列车在运行时，牵引电流并非全部由走行轨流回牵引变电所，总有一部分回流电在通过走行轨时，杂散流入大地，再由大地流回走行轨或牵引变电所。这种杂散电流由于分布在地面以下，被称为地下杂散电流或地下迷流（图5-9）。

电流泄漏是杂散电流形成的一个主要原因，电流泄漏主要是绝缘不良或接触不好等原因造成的。电流泄漏到埋地管道中时，由于电流的流动迫使金属内部的自由电子发生定向移动，使金属离子与电子分离，使得埋地金属管线遭受腐蚀。走行轨中的牵引电流越大或走行轨对地绝缘度越差，地下杂散电流就越大。

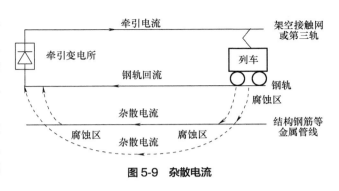

图 5-9　杂散电流

2. 杂散电流的危害

（1）引起接地电位过高　如果杂散电流流入电气接地装置，将会引起接地装置的接地电位过高，导致某些设备无法正常工作。

（2）导致地下金属物体被电腐蚀　城市轨道交通本身和附近的金属管道，各种地下电缆或金属构件在长期的电腐蚀下，将受到严重的损坏。

（3）引起框架保护误动作　如果走行轨对地绝缘变差，走行轨对地泄漏电流增加，会使杂散电流增大，引起牵引变电所框架保护动作。框架保护动作会使整个牵引变电所的直流断路器跳闸，同时联跳相邻牵引变电所对应的馈电线开关，造成较大范围的停电事故，影响线路的正常运行。

3. 杂散电流的防护

对杂散电流的防护主要从控制杂散电流的产生、设置杂散电流收集装置和监测杂散电流三个方面进行。

（1）控制杂散电流的产生　杂散电流的防护以治本为主，从源头上控制和减少杂散电流的产生，将其减少到最低限度。控制杂散电流的产生主要从以下几个方面进行：一是采用带绝缘扣件的混凝土轨枕、绝缘垫、绝缘缓冲垫板等增加走行轨与道床之间的绝缘过渡电阻；二是采用长钢轨，减少回流钢轨阻抗；三是减少钢轨纵向电阻，在变电所设置钢轨电位限制装置来控制钢轨电位。

（2）设置杂散电流收集装置　为减少杂散电流，可采取各种排流措施，设置杂散电流收集网及排流装置。

（3）监测杂散电流　对杂散电流的监测，一是在杂散电流临时超标时控制排流装置启动；二是在杂散电流经常超标或严重超标时采取措施提高走行轨对地绝缘水平。

三、接触网的特点及要求

接触网是通过受电弓（集电靴）为交通工具提供电能的导电系统，其作用是通过与列车的受流器可靠的直接滑动接触将电能源源不断地传送给电动列车，保持列车的正常运行。接触网一旦损坏将中断牵引供电，列车无法运行。

1. 接触网的特点

（1）没有备用网　虽然牵引供电系统是一级负荷，但只有牵引变电所及以上环节设置了备用措施以保证对接触网供电的可靠性。接触网沿线路敷设，并要与列车受流器保持滑动接触而无法采取备用措施。因此，一旦接触网出现故障将造成整个供电区间断电。

（2）经常处于动态运行中　在电动列车行进过程中，受电弓对接触网保持一定的压力并以一定的速度与之接触摩擦运行，有时会出现受电弓离线而引起电弧，露天区段的接触网还要承受气候变化作用，使接触网始终处于振动、摩擦、电弧、污染、伸缩的动态运行状态中。

（3）结构复杂、技术要求高　接触网的运行环境和特点决定了其结构复杂，技术要求高。如：接触网导线的高度、拉力值，定位器的坡度，接触网的弹性、均匀度等都有定量的指标要求。

2. 接触网的要求

接触网也是一个庞大的机械系统，它用零部件实现有序的连接和接续，形成一个能传递电能并且有支持功能，同时具备相应强度的机械性质的整体系统。应满足以下要求：

1）因工作中无备用网，要求接触网强度高，对地绝缘好、安全可靠。

2）因采用与受流器摩擦接触的受流方式，要求接触网具有良好的稳定性、耐磨性和抗腐蚀能力。

3）因接触网维修是利用行车中的间隔进行的，要求接触网结构尽量简单，以便施工、维护和抢修。

4）接触网在各种气候条件下均能受流良好，在气候变化时，能保证高度、弹性与稳定性变化量达到最小。

5）因接触网部件更换困难，要求接触网性能好、使用寿命长。

四、接触网的分类

城市轨道交通接触网按结构形式可分为架空式接触网和接触轨式接触网两大类型。

1. 架空式接触网

架空式接触网是指将接触导线架设于车体上方的一种接触网形式，列车通过受电弓从架空接触网取流。架空式接触网具有敷设难度大、维护成本高、安全系数高和技术含量高等特点，按照不同的标准，架空式接触网可分为不同类型。根据悬挂类型分为柔性架空接触网和刚性架空接触网，根据线路形式分为地面架空式接触网和隧道架空式接触网。

（1）柔性架空接触网　柔性架空接触网由支柱基础、支持装置、定位装置、接触悬挂、隔离开关及分段绝缘器、接地保护系统、防雷系统等组成，接触悬挂按结构形式分为简单接触悬挂和链形接触悬挂（图5-10）。不同类型的接触线粗细、条数、张力不同，架空线的悬挂方式要根据架线区的列车速度、电流容量等输送条件及架设环境确定。

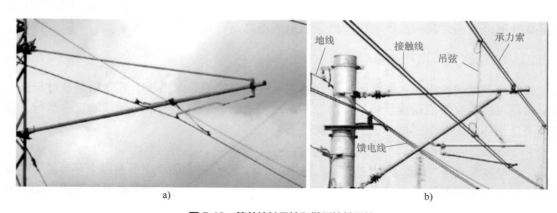

a)　　　　　　　　　　　　　　　　b)

图5-10　简单接触悬挂和链形接触悬挂

a）简单接触悬挂　b）链形接触悬挂

　　1）简单接触悬挂结构简单，要求支柱高度低，建设投资少，施工和检修方便；缺点是导线的张力和弛度随气温的变化较大，接触线在悬挂点受力集中，弹性不均匀，不利于电动列车高速运行时取流。

　　2）链形接触悬挂是一种运行性能较好的悬挂方式，减少了接触线在跨中的弛度，改善了弹性，增加了接触悬挂的质量，提高了稳定性，可满足电动列车高速运行时取流的要求。在城市轨道交通系统中，最常见的是简单链形悬挂。

　　（2）刚性架空接触网　刚性架空接触网一般采用具有相应刚度的导电轨或汇流排与接触线组成，目前有"T"形和"Π"形两种结构（图5-11）。"T"形结构的特点是调节灵活、外形美观，但结构复杂，成本高，主要用于隧道净空较高或地面的线路。"Π"形结构的特点是结构简单、可靠，但调节较困难，大量用于隧道内。

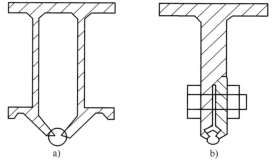

图5-11　刚性接触网汇流排
ａ）"Π"形　ｂ）"T"形

　　刚性架空悬挂主要由汇流排、接触导线、伸缩部件、中心锚结等组成，接触悬挂通过支持与定位装置安装于隧道顶或钢梁上，如图5-12所示。

　　（3）地面架空式接触网　地面架空式接触网由接触悬挂、支持装置、定位装置、支柱和基础组成。在柔性悬挂结构中，地面部分采用腕臂与软横跨相结合的悬挂形式，地下部分采用弹性支架悬挂形式。

　　（4）隧道架空式接触网　隧道架空式（图5-13）与地面架空式不同，一是隧道内不能立支柱，支持装置是直接设置在洞顶或洞壁；二是须考虑隧道断面、净空高度、带电体对接地体的绝缘距离、导线的弛度等因素的限制。

图5-12　刚性架空悬挂

图5-13　隧道架空式接触网

2. 接触轨式接触网

接触轨式接触网是沿线路敷设的与轨道平行的附加轨，其功用与架空式接触网相同，通过它将电能输送给电动列车。接触轨式接触网主要由接触轨、绝缘支架、防护罩、隔离开关设备、电缆等组成，具有结构简单、维护工作量少，易于敷设及安全系数低的特点。

接触轨按与集电靴的摩擦方式可分为上接触式、下接触式和侧接触式三种，如图 5-14所示。

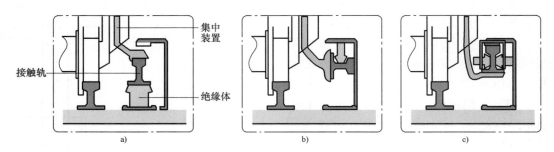

图 5-14　接触轨的分类
a）上接触式　b）下接触式　c）侧接触式

（1）上接触式　上接触式是指接触轨面朝上、工字形轨底朝下固定安装在专用绝缘体上，集电靴自上与之接触受电。其特点是：受流平稳，固定方便，不易加防护罩。

（2）下接触式　下接触式是指接触轨面朝下，轨头朝下，通过绝缘肩架、橡胶垫、扣板收紧螺栓、支架等安装在底座上。其特点是：可以加防护罩，安全性好。

（3）侧接触式　侧接触式是指接触轨轨头端面朝向走行轨，集电靴从侧面受流的接触轨悬挂方式。

任务三　城市轨道交通电力远动监控系统的认知

任务目标

了解电力远动监控系统的作用、组成及结构。

知识课堂

电力远动监控系统实现了对城市轨道交通系统运行安全性和供电可靠性的监管和控制，在电力监控系统中发挥了巨大作用。电力远动监控系统既能对供电系统进行集中管理和调度、实时控制，还可对供电系统进行数据采集、归档和报表统计。

一、电力远动监控系统概述

远动是指对处于分散状态的生产过程进行远距离的集中监视、控制和统计管理。电力远动监控是指通过现场控制设备，经通信网络，集中到运营控制中心来实现对电力系统的远程监控和操作。

1. 远动技术

远动技术是调度端与被监控端之间实现遥控、遥测、遥信、遥调和遥视技术的总称。

（1）遥控　从调度端发出命令以实现远方操作和切换，通常只取两种状态指令，如开关的"分""合"、故障信号的复归等。

（2）遥测　将被监控端的某些运行和环境参数传送给调度端，如电压、电流等电气参数，温湿度、接触网故障点的距离等非电气参数。

（3）遥信　将被监控端的设备状态信号远距离传送给调度端，如开关位置信号、报警信号等。

（4）遥调　调度端直接对被监控端的某些设备的工作状态和参数的调整，如变压器电压等。

（5）遥视　调度端对被监控端的各类设备进行远距离监视。

2. 电力远动监控系统的作用

（1）对供电系统安全运行状态进行在线集中监控　城市轨道交通供电系统正常运行时，通过运营控制中心调度人员对接触网的电压、负荷、设备运行状态及各项指标的监视和控制，保证供电质量和用户的用电要求。

（2）对供电系统运行实现经济调度　在对供电系统安全监控的基础上，电力远动监控系统还可实现电网的经济调度，达到降低损耗、节约电能的目的。

（3）对供电系统运行进行分析和事故处理　电力远动监控系统可对供电系统事故发生前、发生中或发生后的信息进行采集、分析和处理，提供事故处理对策和相应的监控手段，防患于未然；及时处理事故或故障，减少事故损失。

二、电力远动监控系统的组成

调度端、被监控端和通道是电力远动监控系统的三个组成部分。调度端设于运营控制中心，也称为主站；被监控端位于线路沿线变电所内，也称为分站；通道是传送远动信息的传输设备。

1. 调度端的功能及组成

（1）调度端的主要功能

1）数据收集。收集被监控端发送来的数据，实现对供电系统设备运行状态的实时监视和故障报警。

2）数据处理。根据要求，对相关数据进行处理。

3）控制与调节。遥控操作断路器、系统故障查找等。

4）人机联系。实现屏幕画面显示，运行故障记录信息的打印及系统维护等。

（2）调度端的组成　调度端硬件主要有主机服务器、操作工作站、通信前置处理机、数据维护工作站、工程师终端、数据终端通信控制器、打印机、大幅面模拟屏等。

调度端软件主要以实时数据库为核心，以实时数据库系统、关系数据库管理系统、网络通信子系统为主线，包含主控、人机界面、图形系统、数据库系统、报表系统、告警处理、数据通信等模块。

2. 被监控端的功能及组成

（1）被监控端的功能　远动控制输出，现场数据采集，远动数据采集及可脱离主站独立运行。

（2）被监控端的组成　硬件设备主要包括控制柜、变送器柜和连接电缆等，软件包括主模块、初始化模块、遥测采集模块等。

3. 通道

通道是通信线路和调制器、解调器的总称。在电力远动监控系统中，通道既是传送远动信息的传输设备，也是最容易受干扰的环节，在很大程度上决定了系统的准确度、可靠度和抗干扰度，用作远距离信息传输的通道投资费用占系统总投资费用的比例很大。目前，通道的种类有架空明线、无线通道、有线电缆和光缆通道。有线电缆和光缆通道容易实现，抗干扰能力强，传送信息量大，但投资费用高。

三、电力远动监控系统的结构

城市轨道交通电力远动监控系统一般采用 $1:N$ 链状式结构，由调度端的主站对 N 个变电所的分站实现远动监控，如图 5-15 所示。主站装置结构一般采用两台微型计算机、通信处理机及其他功能模块组成，两台主机中任意一台作监控工作主机时，另一台转为在线备用主机，以提高可靠性和灵活性。

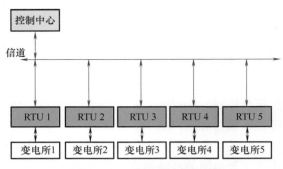

图 5-15　电力远动监控系统的结构

主站和分站之间的信息传送方式有以下两种：

（1）问答式　问答式是指信息的传送采取查询式问答方式，当主站发出查询命令时，被查询的分站按查询的要求回送相关信息，即按需传送信息。

（2）循环式　循环式是指各分站按扫描周期循环不断地向主站传送信息，即按时传送信息。

复习与思考

1. 简述城市轨道交通高压供电系统的组成。
2. 简述城市轨道交通牵引供电系统和动力照明供电系统的组成及功能。
3. 简述单边供电、双边供电与越区供电的应用。
4. 架空式接触网和接触轨式接触网的特点比较。

城市轨道交通信号与通信系统

项目导入

　　城市轨道交通系统具有列车运行速度快、发车间隔时间短、站间距较短等特点，对列车运行的安全和控制提出了较高的要求。城市轨道交通信号与通信系统是保证列车安全运行的重要设备，其地位与作用十分重要。城市轨道交通车辆在线路上如何安全有序地运行？如何做到既保证列车运行安全又提高线路通行能力？闭塞有几种类型？移动闭塞具有什么特点？本项目将回答这些问题。

任务一　城市轨道交通信号基础设备的认知

任务目标

　　1. 了解城市轨道交通信号与通信系统的组成。
　　2. 熟悉信号色及其意义。
　　3. 了解各种信号机的设置及功能。
　　4. 熟悉转辙机的作用、轨道电路和计轴器的工作原理。

知识课堂

　　信号系统是城市轨道交通系统的重要组成部分，担负着指挥、控制列车运行，提供设备状态信息、列车位置信息、列车运行过程管理的重任，是保障城市轨道交通系统安全与高效运行的重要手段和技术保证，也是保证列车运行安全、实现行车指挥和列车运行现代化、提高运输效率的关键系统设备。

一、城市轨道交通信号系统概述

城市轨道交通具有高密度、短间隔、短站距和快速等特点，因而对交通保障系统有着安全要求高、通行能力大、抗干扰能力强、可靠性高、自动化程度高等要求。城市轨道交通信号系统改变了传统的铁路以地面信号显示指挥行车的方式，实现了以车载信号为主体信号，利用计算机系统对速度和进路进行控制，对进路进行选择，并逐步地向无人驾驶的方向发展。

1. 城市轨道交通信号系统的作用

（1）确保列车运行安全　城市轨道交通信号系统是指挥列车安全运行的关键设备，只有满足在列车运行前方的轨道区段没有列车占用（列车进路空闲）、道岔位置正确、没有敌对或相抵触的信号等条件时，才允许向列车发出允许列车前行的信号。因此，列车只有严格按照信号的显示运行，才能确保列车的安全运行；反之，将导致事故的发生。在城市轨道交通提供的服务中，确保乘客的安全是最重要的。信号系统担负着确保列车运行安全的重要使命，有了信号系统的保障，就能有效防止列车追尾、正向和侧向撞车及超速等安全事故的发生。

（2）提高线路通行能力　在城市轨道交通系统中，信号设备对于提高线路的通行能力起着极其重要的作用。采用列车运行自动控制技术，可使列车以最高的允许速度运行，使列车的行车间隔时间大大缩短，甚至可以达到1.5~2min的运营间隔时间，从而提高行车密度，大大提高城市轨道交通的运行效率。

2. 城市轨道交通信号系统的组成

城市轨道交通信号系统通常由信号基础设备、联锁系统、闭塞和列车自动控制系统组成，如图6-1所示，用于列车进路控制、列车间隔控制、调度指挥、信息管理、设备状态检测等。先进的信号系统可以缩短行车间隔时间，从而提高城市轨道交通列车的输送能力。

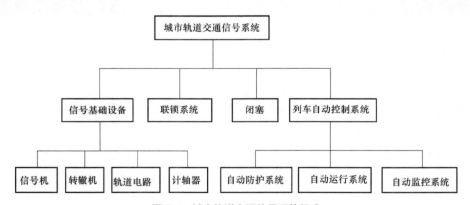

图6-1　城市轨道交通信号系统组成

二、信号机

信号是保证行车安全、指示列车及调车作业的命令，必须遵照执行。行车有关人员必须熟知信号的显示方式，按照信号显示要求进行行车及调车作业。色灯信号机是用不同的颜色灯光来显示信号，颜色不同其代表的意义也不同。

1. 信号色及其意义

（1）基本色　城市轨道交通基本色主要有红色、绿色和黄色三种，代表意义如下：

1）红色。红色表示禁止列车越过该信号机，信号处于关闭状态。信号熄灭或显示不明的情况，也视为停车信号。

2）绿色。绿色表示允许列车按规定速度越过此信号机，信号处于正常开放状态。

3）黄色。黄色表示允许列车不超过规定速度越过此信号机，信号处于有条件开放状态。

（2）辅助色　城市轨道交通辅助色主要有月白色和蓝色两种，代表意义如下：

1）月白色。月白色作为调车信号（调车信号常设于折返站、区间站等有折返调车作业的车站以及车辆基地等常进行转线、取送、解编等调车作业的地方），表示允许列车越过此信号机调车；作为引导信号，应加上红色信号显示，表示允许列车不超过规定速度越过此信号机。

2）蓝色。蓝色作为调车信号，表示禁止列车越过此信号机调车。如正线信号机显示为蓝色，则表示该条线路的信号系统处于列车自动控制模式下运行。

2. 信号的分类

（1）按接收信号的感官分类　按接收信号的感官分为视觉信号和听觉信号。视觉信号是指以信号灯的颜色、显示数目及灯光状态等表达的信号，如地面信号机、手提信号旗、信号牌等；听觉信号以声音的强度、长短等方式来显示信号意义，如列车鸣笛等。一般以视觉信号为主要信号，听觉信号为辅助信号。

（2）按发出信号的器具能否移动分类　按发出信号的器具能否移动分为固定信号和移动信号。固定信号是指固定设置在规定位置的信号装置所显示的信号，如地面信号机等；移动信号是指根据需要可以临时设置的信号装置所显示的信号，如手提信号灯、信号旗等。一般以固定信号为主要信号，移动信号为辅助信号。

（3）按信号发出的地点分类　按信号发出的地点分为地面信号和车载信号。地面信号是指设置在线路附近供列车司机辨识的信号；车载信号是指通过传输设备，将地面信号或其他方式传输的信号直接引入车辆，并能显示的信号。城市轨道交通系统一般运用地面信号与车载信号相结合的方式。

3. 地面信号机的设置及功能

地面信号机设置在线路、车站、车辆基地等地方，用于传递运行指挥命令，是一种昼夜均以信号灯的颜色显示信号意义的色灯信号机。

（1）设置原则　城市轨道交通采用右侧行车制，不论在正线还是车辆段，地面信号机应设置于列车运行方向的右侧，地面信号机地下部分一般安装在隧道壁上。特殊情况下，可以设置在列车运行方向左侧或其他位置。设备限界是用以限制设备安装的轮廓线，信号机不得侵入设备限界。

（2）正线信号机及发车表示器　正线信号机对显示距离要求不远，加上隧道内安装空间有限，一般采用矮型信号机。常见的正线信号机有以下几种：

1）进站信号机。进站信号机是指设置在车站入口外方适当距离，用于防护车站内作业安全，指示列车能否由区间进入车站的信号机。信号显示为红色或绿色。

2）出站信号机。出站信号机是指设置在车站出口，用于防护区间列车安全，指示列车能否由车站进入区间的信号机。信号显示为红色或绿色。

3）通过信号机。采用列车自动控制系统的城市轨道交通，一般不设置通过信号机。为便于列车司机在列车自动防护系统发生故障时控制列车运行，可以根据需要设置通过信号机。

4）防护信号机。防护信号机设置在道岔或进路的始端，对通过道岔的列车显示信号，防护道岔开通的线路或进路的安全。一般采用三显示机构，自上而下为黄（或月白）、绿、红。

5）阻挡信号机。阻挡信号机设置在线路尽头处，表示列车停车位置。阻挡信号机采用单显示机构，信号显示为红色。

6）发车表示器。发车表示器设置在车站出站方向站台一侧，向列车司机表示能否关闭车门及发车时间，如图6-2所示。

（3）车辆段信号机　车辆段及停车场的信号机一般采用高柱信号机。高柱信号机具有显示距离远、观察位置明确等优点。常见的车辆段信号机有以下几种：

1）进段信号机。进段信号机是指设置在车辆段入口转换轨外方适当距离，指示列车能否由正线进入车辆段的信号机。

2）出段信号机。出段信号机是指设置在车辆段出口处，指示列车能否由车辆段进入正线的信号机。

3）调车信号机。车辆段内其他地点可根据需要设置调车信号机。

三、转辙机

转辙机是重要的信号基础设备，是道岔控制的执行机构，用于实现对道岔的转换和锁闭，是直接关系行车安全的设备，对保证行车安全、提高运输效率起着重要作用，如图6-3所示。

图6-2　发车表示器

图6-3　转辙机

1. 转辙机的作用

转辙机的作用是接收到命令后带动道岔转换，其主要功能为转换道岔、锁闭道岔尖轨及表示道岔所在位置，具体表现为：

1）转换道岔的位置。根据操作要求，将道岔转换至定位或反位。

2）道岔转换至规定位置而且密贴后，自动实行机械锁闭，防止外力改变道岔位置。

3）正确地反映道岔的实际位置，道岔的尖轨贴于基本轨后，正确地给出相应的表示。

4）发生挤岔以及道岔长时间处于"四开"（尖轨与基本轨不密贴）位置时，及时给出报警或显示。

2. 转辙机的基本要求

1）作为转换器，应具有足够的拉力，以带动尖轨做直线往返运动。当尖轨受阻不能转换到底时，应随时通过操作使尖轨回到原位。

2）作为锁闭器，当尖轨和基本轨不密贴时，不应进行锁闭。一旦锁闭，应保证不致因车振动而解锁。

3）作为监督器，应能正确反映道岔的状态。

4）道岔被挤后，在未修复前不应再使道岔转换。

3. 转辙机的分类

（1）按动作能源和传动方式 按动作能源和传动方式可分为电动转辙机和电动液压转辙机。两者均由电动机提供动力，前者采用机械传动方式，后者采用液压传动方式。

（2）按供电电源 按供电电源可分为直流转辙机和交流转辙机。前者采用直流电动机，后者采用三相交流电源，电动机为三相异步电动机。

（3）按锁闭方式 按锁闭方式可分为内锁闭转辙机和外锁闭转辙机。内锁闭转辙机锁闭机构设置在转辙机内部，尖轨通过锁闭杆与锁闭装置连接；外锁闭转辙机依靠转辙机之外的锁闭装置直接锁闭密贴尖轨和基本轨。

四、轨道电路

轨道电路是指以钢轨作为导体，两端加上机械绝缘或电气绝缘，接上送电和受电设备构成的电路，如图 6-4 所示。其作用是监督线路的占用情况和传递列车的行车信息。

图 6-4 轨道电路

1. 轨道电路的组成

轨道电路由导体、引接线、钢轨绝缘、送电设备、受电设备及限流电阻等组成，如图6-5 所示。

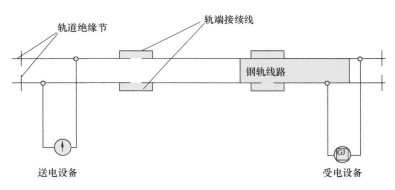

图 6-5 轨道电路的组成

（1）导体 轨道交通系统的两根钢轨是传输轨道电流的导体，在两节钢轨的接头处，为减少钢轨与钢轨夹板间的接触电阻，一般用接续线连接。

（2）引接线 引接线用于送电设备、受电设备与钢轨的连接。

（3）钢轨绝缘 钢轨绝缘安装在相邻两个轨道电路衔接处，以保证相邻轨道电路在电气上的可靠隔离。城市轨道交通折返线、存车线及车辆段区域的轨道电路以机械绝缘方式分割，机械绝缘包括轨端绝缘、槽形绝缘、绝缘套管和绝缘片等。正线采用无缝钢轨，需要使用由电子电路构成的电气绝缘来分隔相邻轨道电路。

（4）送电设备 轨道电路的送电设备可以是电源，用于向轨道电路供电；也可是能发送一定信息的电子设备，通过轨道电路向列车传递行车信息。

（5）受电设备 轨道电路的受电设备可以是轨道继电器，用于反映轨道电路范围内有无列车、车辆占用和钢轨是否完整供电；也可是能接收并鉴别电流特征的电子设备。

（6）**限流电阻** 限流电阻是一个可调电阻器，连接在轨道电路电源端，用来调整轨道电路的电压。

2. 轨道电路的工作原理

1）当轨道电路设备完好，又无列车占用时，轨道电流从电源正极经钢轨、轨道继电器线圈回到负极构成回路，继电器处于吸起状态，表示该轨道区段内无列车占用。此状态称为轨道电路的调整状态。

2）当轨道区段内有列车占用时，因车辆的轮对电阻臂轨道继电器线圈的电阻小得多，所以轨道电路被轮对分路，此时流经继电器线圈的电流很小，不足以使衔铁保持吸起，继电器失磁落下，表示该区段有车占用。此状态称为轨道电路的分路状态。

3）当轨道区段内发生断轨或断线等故障时，流经继电器线圈的电流中断，使继电器失磁落下。此状态称为轨道电路的断轨状态。

五、计轴器

计轴器是用以检测列车通过轨道上某一计轴点的车轴数，检查两个计轴点之间或轨道区段内的空闲情况；或通过判定列车通过计轴点的位置，自动校正列车行驶里程的设备，如图 6-6 所示。

图 6-6　计轴器

计轴器主要由计轴磁头、电子盒和安装盒组成，其基本原理为：当列车驶入轨道区段抵达传感器 A 的作用区域时，传感器 A 将车轴脉冲经电子连接箱传送给室内计算机主机系统，由主机系统计算车轴数量，并根据两套磁头的作用时机判明列车的运行方向。同样，当列车车轮抵达传感器 B 的作用区域时，传感器 B 将车轴脉冲经电子连接箱传送给室内计算机主机系统，由主机系统确定对轴数是累加计数还是递减计数。依据该轨道区段驶入点和驶出点所记录轴数的比较结果，确定该区段的占用或空闲状态。

任务二　城市轨道交通联锁与闭塞的认知

任务目标

1. 掌握联锁的概念及作用。
2. 掌握闭塞的分类及移动闭塞的原理。

知识课堂

联锁设备是城市轨道交通信号系统的重要设备之一，担负着建立进路、转换道岔、开放信号以及解锁进路等作业任务，实现道岔、信号、进路之间的相互制约关系，以保证列车运行安全、提高作业效率。闭塞是轨道交通防止列车对撞或追撞（追尾）的方式，是保证列车在区间内安全运行的主要方法之一。

一、城市轨道交通联锁

城市轨道交通车站大多数仅有列车到达、停靠、上下乘客、出发等作业，没有调车作业，因而线路设置比较简单，仅需两条运行线，无须配备其他线路。但在部分需要折返作业的车站及在车辆段、停车场等需要调车作业的地方设有较多的线路。为保证调车作业的安全，不致形成正面冲突、追尾等，城市轨道交通系统采用联锁的办法来进行防护保障。

1. 进路

进路是指列车和调车机车作业时运行的路径，是从一架信号机开始至同方向下一架信号机为止的线路。按照道岔的开通不同方向可以构成不同的进路，每条进路由相应的信号机进行防护，列车必须依据信号的开放情况进入或通过进路。

办理进路就是将有关道岔转换到进路要求的位置后锁闭，并开放防护进路的信号。有些进路如果同时建立会造成列车冲突，称为敌对进路，防护这两条进路的信号互为敌对信号。

2. 联锁的概念

为了保证列车行车、调车作业安全，只有在进路空闲、道岔位置正确、敌对信号机处于关闭状态时，防护进路的信号才能开放。信号开放后，进路上有关道岔不能再转换，其敌对进路不能建立、敌对信号不能开放。这种将线路的所有信号机、道岔、轨道电路等相对独立的信号设备构成一种相互制约、联合控制的连环扣关系，称为联锁关系，简称联锁。

3. 联锁的基本内容

（1）不允许建立会导致列车冲突的进路　防护进路的信号开放之前，须检查确保敌对信号处于关闭状态。信号开放后，敌对信号须锁闭在关闭状态，不允许办理与之敌对的进路。

（2）进路上的道岔必须锁闭在与所办理进路相符合的位置　进路的道岔开通之后，即进入锁闭状态不能再转换。

（3）信号机的显示必须与进路的开通状态相符合　道岔调整好后，开放信号，信号机的显示必须与进路的开通状态相符合。

4. 联锁的实现步骤

（1）进路空闲的检测　检查进路空闲是保证行车安全的重要前提条件，可依靠轨道电路、计轴器等实现。

（2）道岔的控制　道岔是线路上的可动部分，如果控制不当，有可能造成列车脱轨或列车间相撞。

（3）信号的控制　只有在安全条件确认满足时才允许信号机开放，否则信号机必须处于关闭状态。控制信号机的开放与关闭，直接关系到行车的安全。

二、城市轨道交通联锁设备

控制道岔、进路和信号，并实现它们之间联锁关系的设备称为联锁设备。联锁设备既可以分散控制，也可以集中控制，目前使用的联锁设备主要有继电联锁和计算机联锁两大类。

1. 继电联锁

继电联锁也称为电气集中联锁，是指用电气的方法通过信号楼内的控制台操纵车辆段内的信号机和转辙机，使信号机、进路和道岔实现联锁并能监督列车运行和线路占用情况。其特点是室外采用色灯信号机，道岔由转辙机转换，进路上所有区段均设有轨道电路，由继电电路实现对室外设备的控制并实现联锁，操作人员通过控制台集中操纵和监督全段信号设备。

继电联锁设备由室内设备和室外设备组成。室内设备有控制台和显示屏、区段人工解锁按钮盘、继电器组合和组合架、电源屏和分线盘等；室外设备有色灯信号机、转辙机、轨道电路及电缆线等。

2. 计算机联锁

计算机联锁是指利用计算机实现车辆段的联锁关系，用继电电路作为计算机主机与室外信号机、转辙机、轨道电路的接口设备，操作人员通过计算机显示器等设备实现对现场设备的控制和监督。其特点是由计算机控制道岔及信号，便于实现信号设备的远程监督、远程控制和自动控制。

计算机联锁是连锁设备的发展方向，与继电联锁的主要区别在于：

1）利用计算机对车站值班员的操作命令和现场监控设备的表示信息进行逻辑运算后完成对信号机、道岔进路的控制，并实现联锁关系。

2）计算机发出的控制信息和现场传回的表示信息均可实现串行传输，节省电缆。

3）用屏幕显示代替控制台表示盘，体积小、便于使用。

4）采用模块化软件和硬件结构，便于设备改造，并容易实现故障控制、分析等功能。

三、城市轨道交通闭塞

对轨道交通来说，轨道起了承载和导向作用，列车依次有序在线路上排队运行，不能超车。为提高线路通行能力，又必须尽可能地缩短列车间距离。为保证行车安全和必要的线路通行能力，需要把整条线路划分成若干个长短不一的区段，每一个区段称为区间。

1. 闭塞的概念

为了确保列车在区间内的运行安全，列车由车站向区间发车时，必须确认区间内没有列车，并需遵循一定的规律组织行车，以免发生列车正面冲突或追尾等事故。这种按照一定规律组织列车在区间内运行，使连续发出的列车始终保持一定间隔距离安全行车的方法，叫作行车闭塞法，简称闭塞（图6-7）。用于完成闭塞手续的设备叫闭塞设备。闭塞设备必须保证在同一区间、同一时间里只允许一趟列车占用的基本原则。

图6-7　行车闭塞法

2. 闭塞的方法

为保证列车的安全运行，必须将轨道上的列车分开，普遍采用隔离法。隔离法有时间间隔法和空间间隔法两种形式。

（1）时间间隔法　按规定的间隔时间向区间发车，以时间间隔作为闭塞条件的闭塞方法，即每趟列车发出以后，间隔一段时间才发出后一列列车。这种方法无法防止列车因晚点或故障停车导致运行时间与运行图相差较大时发生的追尾事故。

（2）空间间隔法　以两车之间相隔一段距离的方法来保证安全，即同一区间内只有一列列车占用，前行列车与续行列车始终保持一定的空间间隔。空间间隔法被视为是现代闭塞技术的雏形。

四、站间闭塞

站间闭塞是指两个车站之间只能运行一列列车，该闭塞方式的区间为两个站间距离，线路通行能力较差。站间闭塞主要有人工闭塞、半自动闭塞和自动站间闭塞等。

1. 人工闭塞

由人工来完成从办理闭塞到解除闭塞的全过程并由人工来保证其安全性的方法叫作人工闭塞法，或称人工闭塞。人工闭塞主要有以下两种：

（1）电气路签（牌）闭塞法　电气路签（牌）闭塞法是早期铁路区间闭塞的基本闭塞法之一。路签（牌）作为列车占用区间的凭证，由接车站值班员检查区间是否空闲的人工闭塞方式。该闭塞方式已不再使用。

（2）电话闭塞法　电话闭塞法是一种最终的行车闭塞法，只有当信号系统自动控制功能、联锁后备功能均发生故障时及其他特殊情况需要使用电话闭塞法时，才会启用电话闭塞法行车。大多数城市轨道交通运营企业使用电话闭塞法的行车间隔均按照"一站两区间"行车，即正线上的两列列车之间至少保持一个车站和两个区间之间的距离，从而确保安全。电话闭塞的行车凭证为路票。具体操作如下：

相关车站在得到行车调度员的同意命令后，确认区间无车占用，并取得接车站同意在办理好站内发车进路后，由发车站值班员填写行车凭证——路票。列车司机得到路票后，即可向指定区间发车。只有在列车到达接车站后，将路票交付给值班员并做好列车完整到达记录后，此区间解除闭塞，才有可能再一次办理闭塞。

2. 半自动闭塞

半自动闭塞采用车站出站信号机的允许显示信号作为列车占用站外区间的行车凭证。区间两端的值班员通过专门的闭塞设备办理闭塞手续，即由发车站值班员请求占用区间，接车站值班员认可接车后，发车站才能开放发车信号。列车进入区间后出站信号机自动关闭，区间处于闭锁状态。只有当接车站值班员确认列车到达之后才能使闭塞设备处于解锁状态，才能办理第二次列车占用区间的闭塞手续。其特点为：站间区间只准许走行一列列车；人工办理闭塞手续；人工确认列车完整到达和人工恢复闭塞；出站信号机的开放由人工控制，列车出站后信号机可自动关闭。半自动闭塞能保障区间列车运行安全，但线路通行能力较低。

3. 自动站间闭塞

自动站间闭塞就是在有区间占用检查的条件下，自动办理闭塞手续，列车凭信号显示发车后，出站信号机自动关闭的闭塞方法。其特点为：有区间占用检查设备；站间区间只准许走行一列列车；办理发车进路时自动办理闭塞手续；自动确认列车到达和自动恢复闭塞；出站信号机均可自动开放和关闭。

五、自动闭塞

自动闭塞是指将两车站间的区间划分成若干个闭塞分区，并设置通过信号机进行防护。由车站出站信号机和区间通过信号机的显示共同作为列车占用区间的行车凭证，出站信号机的关闭与通过信号机的信号显示变化均由行进中的列车自动完成。其特点为：有分区占用检查设备，可以凭通过信号机的显示行车，也可凭机车信号或列车运行控制的车载信号行车。站间能实现列车追踪，办理进路时自动办理闭塞手续，自动变换信号显示。自动闭塞分为传统的自动闭塞和具有列车自动控制系统的自动闭塞。

1. 传统的自动闭塞

传统的自动闭塞没有装备列车自动控制系统，一般由地面信号机保证列车按照空间间隔运行，装备的机车信号作为地面辅助信号，主要传输信号控制信息。传统的自动闭塞一般适用于列车运行速度不高于160km/h及以下，按照信号显示可分为二显示（红、绿）、三显示（红、黄、绿）和四显示（红、黄、绿黄、绿）三种。

2. 具有列车自动控制系统的自动闭塞

列车自动控制系统保证列车按照空间间隔法，通过控制列车运行速度的方式来实现。运行列车之间必须满足最不利条件制动距离的需要，根据控制系统采取不同的控制模式形成不同的闭塞制式，具有列车运行自动控制系统的自动闭塞可分为固定闭塞、准移动闭塞和移动闭塞三类。

（1）固定闭塞　固定闭塞又称为分级速度控制方式或台阶式速度控制模式，采取分级速度控制模式，区间被划分为若干个闭塞分区，闭塞分区是用轨道电路或计轴装置划分的，用来进行列车定位和占用轨道的检查，每个闭塞分区都有相应的速度级别。

固定闭塞的追踪目标点为前行列车所占用闭塞分区的始端，一个相对的固定点；后行列车开始制动点为开始减速的闭塞分区的始端，一个相对的固定点。因为这两个点都是相对固定的，所以称为固定闭塞。为充分保证安全，必须在两列车间再增加一个防护区段。

（2）准移动闭塞　准移动闭塞采取目标距离控制模式（又称为连续式一次速度控制），区间被划分为若干个闭塞分区，不设闭塞分区速度等级，采取一次制动方式。准移动闭塞的追踪目标点为前行列车所占用闭塞分区的始端，为固定点，留有一定的安全距离。后行列车开始制动点由目标距离、目标速度及列车本身的性能计算决定，为非固定点。

准移动闭塞在控制列车的安全间隔上比固定闭塞有进步，可改善列车速度控制，缩小列车安全间隔，提高线路利用效率。但准移动闭塞中后续列车的目标制动点仍必须在前行列车占用分区的外方，因此它并没有完全突破轨道电路的限制。

（3）移动闭塞　移动闭塞在对列车的安全间隔控制上更进一步。移动闭塞独立于轨道电路，消除了以信号机分隔的固定闭塞区间，可通过列车的精确定位来提高安全性和列车运行密度。通过车载和地面安全设备之间快速连续的双向数据通信，信号系统可以根据列车的实时速度、位置、线路和前行列车情况，动态计算列车的最大制动距离。

移动闭塞的追踪目标点为前行列车的尾部，留有一定的安全距离，非固定点。后行列车开始制动点由目标距离、目标速度及列车本身的性能计算决定，非固定点。这两个点都是非固定点，因此称为移动闭塞，如图6-8所示。由于保证了列车前后的安全距离，两个相邻的移动闭塞分区就能以很小的间隔同时前

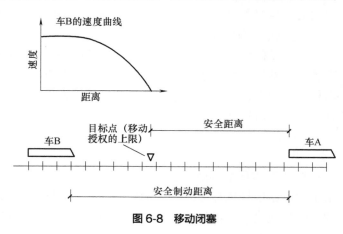

图6-8　移动闭塞

进，这使列车能以较高的速度和较小的间隔运行，从而提高线路通行能力。

任务三　城市轨道交通列车自动控制系统的认知

任务目标

　　掌握列车自动控制系统的组成及各子系统功能。

知识课堂

　　列车自动控制（Automatic Train Control，ATC）系统是指将先进的自动控制技术、通信技术、计算机技术与轨道交通信号技术融为一体，具有行车指挥、控制、管理功能的自动化系统。列车自动控制系统能最大限度地保证轨道交通列车运行安全，提高线路通行能力，减轻工作人员的劳动强度。

一、列车自动控制系统的构成

　　列车自动控制系统是对列车运行的全过程或部分作业实现自动控制的系统，是追踪列车通过获取地面信息和命令控制列车运行，并及时调整与前行列车之间的必须保持的安全距离以保证按照空间间隔运行的系统。列车自动控制系统主要包括列车自动防护系统、列车自动运行系统、列车自动监控系统和计算机联锁系统。

1. 列车自动防护系统

　　列车自动防护（Automatic Train Protection，简称ATP）系统是信号控制系统非常重要的组成部分，主要作用是为列车行驶提供安全保障，防止列车追尾、冲突事故的发生，有效降低列车司机的劳动强度，提高行车作业效率。防止列车超速运行是列车自动防护系统最重要的功能，也是城市轨道交通信号系统保障列车安全运行的核心。

　　（1）列车自动防护系统的主要功能

　　1）防止列车超速运行。防止列车在曲线段或坡道处超过线路限制速度运行；防止列车超过允许的最大速度超速运行；防止列车超过道岔弯轨的限制速度超速运行；防止列车超过限速区段超速运行。

　　2）接收和处理来自地面的信息。列车运行在轨道上，地面轨道电路或其他设备将列车运行所需的列车允许运行的最大速度值和线路位置等信息发送出去，安装在列车车体上的列车自动防护系统设备会实时接收这些信息，并对这些信息进行实时分析和处理，以便及时对列车的运行状态和运行速度进行控制。

　　3）防止列车相撞。列车自动防护系统可以防止列车撞上前面的列车；防止列车进入未开通或发生故障的进路；防止列车冲出尽头线；防止列车进入封锁区段等。

4）车辆安全停靠站台。列车进站停靠时，列车自动防护系统会检测列车的速度和所处的位置，保证列车在站台区域内安全停靠。

5）列车车门控制。列车停靠站台后，列车自动防护系统会控制列车开启靠近站台一侧的车门，保证乘客安全上下车。

6）空转、打滑防护。列车在线路上行驶时，因某种原因会发生空转或打滑运行，从而危及行车安全。列车自动防护系统会实时检测列车空转和打滑情况，并及时采取措施，控制列车运行状态。

7）防止列车溜车。列车停留在坡道处或站台处，列车自动防护系统会给列车施加一定的制动力，保证列车不发生溜车现象。

（2）列车自动防护系统的设备组成　列车自动防护系统设备主要由车载设备、地面设备和传输通道三部分组成。

1）车载设备。车载设备是实现控制列车运行的核心设备，安装在列车上，主要有车载主机、列车司机状态显示单元、速度传感器、列车地面信号接收器、列车接口电路、电源和辅助设备等。

2）地面设备。地面设备是产生控制列车信息的设备，安装在线路上，也称为轨旁设备。列车自动防护系统的地面设备可以设置点式应答器或轨道电路，向列车传递有关信息，由安装在列车上的设备接收和处理这些信息。

3）传输通道。传输通道用于传输车载设备和地面设备两方的互通信息。

2. 列车自动运行系统

列车自动运行（Automatic Train Operation，简称 ATO）系统，也称为列车自动驾驶系统，主要作用是实现列车自动驾驶，并使列车在设定的车站自动停车。列车自动运行系统取代人工驾驶，实现列车自动驾驶，有效地提高了列车的运营效率，降低了列车司机的劳动强度，是城市轨道交通运营作业自动化的重要体现。列车自动运行系统需要列车自动防护系统和列车自动监控系统提供支持。

（1）列车自动运行系统的主要功能

1）车站发车控制。列车在 ATO 系统模式下运行时，列车司机按压发车按钮启动列车运行，ATO 系统根据列车自动防护系统发送的控制速度和列车自动监控系统发送的运行等级，自动运行到下一车站。

2）列车区间运行速度控制。列车自动运行系统车载模块接收到从车载 ATP 系统发出的列车速度控制指令后，向列车的牵引系统或制动系统发出请求，以施加牵引力将列车加速到控制速度，或施加制动力使列车减速至规定值，使列车的运行速度在一个速度控制窗口内。

3）车站精确停车。车站精确停车是列车自动运行系统非常重要的功能，它使列车在车站站台区精确对位停靠。在列车接近站台时，列车自动运行系统车载模块实时对列车的速度进行采集和比较，并及时向列车的牵引系统和制动系统发出控制指令，实现对列车速度的实时控制，追踪实现列车精确停车。

4）列车自动折返。列车在 ATO 系统模式下，可在运营线路两端实现列车自动折返作业，控制列车回到下一个运营作业的站台区。

5）执行跳停和扣车功能。跳停是指列车在某一指定站不停车，而以规定的速度通过该车站；扣车是指列车在某站台停靠，不允许其继续运行。列车自动运行系统收到来自 ATS 发出的跳停或扣车指令后，完成跳停或扣车作业。

6）控制车门。由 ATP 系统监督开门条件，当 ATP 系统给出开门指令时，可以按照事先设定由 ATO 系统自动打开车门，也可由列车司机手动打开正确一侧的车门。车门的关闭只能由列车司机完成。

（2）列车自动运行系统的设备组成　列车自动运行系统设备由车载设备和地面设备组成。车载设备主要有车载 ATO 模块、ATO 车载天线和人机界面。其中，车载 ATO 模块是列车自动运行系统的核心组成部分，包括软件和硬件两部分，车载 ATO 模块从车载 ATP 获得必要信息，对其进行实时处理。ATO 车载天线实现车载模块与地面设备之间的信息交换，设在驾驶室车体下，分为接收天线和发送天线。

地面设备用于接收与列车自动运行有关的信息，由地面信息接收发送设备和轨道环线组成。地面设备接收来自 ATO 车载天线发送的信息，并把 ATS 系统相关信息通过轨道环线发送到线路上，由 ATO 车载设备进行接收和处理。

3. 列车自动监控系统

列车自动监控（Automatic Train Supervision，简称 ATS）系统利用可靠的网络结构，与 ATP系统和 ATO 系统共同完成对全线列车运营的管理和监控。其主要作用是对线路上运行的所有列车进行监督和管理，控制列车根据列车运行图完成运营作业。

（1）列车自动监控系统的主要功能　列车自动监控系统的功能包括监督和控制，具体如下：

1）列车监视和跟踪。列车自动监控系统对在线所有运行的列车进行实时监视和跟踪，自动记录列车运行过程，自动生成、显示、修改和优化列车运行图，自动识别、读取列车车次号等。

2）列车自动排列进路。列车自动监控系统能对轨道电路、信号机、道岔实现集中控制，根据列车的运行情况，在适当时机向车站联锁设备发送排列进路命令，转换道岔，开放信号，保证列车的安全运行。列车自动排列进路的功能，通过捕获列车的车次号获取列车的运行任务，由车站设备最终完成进路的排列作业。

3）列车追踪间隔调整。通过对前后列车之间的运行间隔，进行实时监测和调整，保证线路上列车安全有序高效地运行。

4）列车运行模拟仿真和重放。列车自动监控系统通过仿真手段，离线模拟列车的在线运行，训练操作人员和维护人员。重放功能允许用户查看一段时间内的列车运行数据，再现过去某段时间内线路上信号设备状况、列车运行情况及调度员操作等信息。

5）事件记录、报告和报表生成、打印。列车自动监控系统能记录大量与运行有关的数据，如列车运行里程数、列车运行和计划时间的偏差、重大运行事件、操作命令及执行结果、信号设备的状态信息、设备的故障信息等。系统可根据要求提供各种统计功能，生成、打印各种统计报表。

6）报警。列车自动监控系统能及时记录被监测对象的状态，故障的预警、诊断和定位，监测 ATP 是否正常工作，监测信号设备等设备的接口状态，在线监测与报警等。

（2）列车自动监控系统的设备组成　列车自动监控系统设备由位于运营控制中心的 ATS设备和位于车站的 ATS 设备组成，提供专门的数据传输系统，实现运营控制中心的 ATS 设备和位于车站的 ATS 设备之间的通信和数据交换。

运营控制中心的 ATS 设备主要有调度工作站、培训工作站、维护工作站、列车运行计划工作站、系统服务器、数据库服务器、网络通信设备及电源设备等。位于车站的 ATS 设备主要有工作站、打印机、网络接口和不间断电源等。

4. 计算机联锁系统

计算机联锁（Computer Interlocking，简称 CI）系统是以计算机技术为核心，采用通信技术实现线路联锁要求的实时控制系统，主要功能是监督和直接控制道岔、轨道区段、信号机和其他室外设备，实现各个设备之间的正确联锁关系，保证列车的运行安全。计算机联锁系统在信号操作员或者 ATS 系统操作下实现站内道岔、信号机、轨道电路之间的联锁控制，是城市轨道交通安全高效行车不可缺少的保障装备。

计算机联锁系统确保列车运行进路的安全，负责安全执行传统联锁功能。当 ATP 系统功能丧失时，CI 系统能为站间运行方式提供列车进路的安全保证。CI 系统与 ATS 系统结合实现车站和中心的两级控制功能。正线车站的联锁平时由 ATS 系统控制，当车站 ATS 系统设备故障时联锁设备可根据列车的位置自动设置列车进路，也可由车站值班员直接设置列车进路。

二、基于轨道电路的列车自动控制系统

传统的列车运行自动控制系统主要是基于轨道电路的列车自动控制（Track Circuit Based Train Control，简称 TBTC）系统，TBTC 系统技术成熟，安全可靠，但由于该系统是基于轨道电路来检测列车位置并向列车发送控制信息的，轨道电路存在性能和功能上的缺陷及限制，使 TBTC 系统成为限制轨道交通运输效率提高的瓶颈。表现在以下几方面：

1）轨道电路限制了列车位置检测的精度。列车位置检测的最小分辨率为轨道电路区段，任意一部分轨道电路被占用，整条轨道电路将认为被占用。过长的区段设置会产生较大的行车间隔，线路通行能力下降。

2）轨道电路传输信息容量有限。轨道电路受工作原理和工作环境的限制，无法满足列车信息需求量日渐增长的需要。

3）轨道电路易受天气、地理环境及电磁环境的影响。雨水、环境温度和列车分路不良等都会对轨道电路性能产生影响。

三、基于通信的列车自动控制系统

基于通信的列车自动控制（Communication Based Train Control，简称 CBTC）系统是指通过交叉感应电缆环线、漏缆、裂缝波导管以及无线电台等方式来确定列车位置和实现车地间双向、大容量实时通信。列车通过轨道上的应答器，确定列车绝对位置；通过轨旁CBTC 设备，根据各列车的当前位置、运行方向、速度等要素，向所管辖的列车发送"移动授权条件"，即向列车传送运行的距离、最大的运行速度，从而保证列车间的安全间隔距离。

1. CBTC 系统的基础

基于通信的列车自动控制系统的基础是车—地通信和列车定位，也是 CBTC 系统的两大支柱。

（1）车—地通信　CBTC 系统的通信子系统在车—地之间建立连续、双向、高速的传输通道，列车的命令和状态可以在列车与地面设备之间可靠交换，使地面设备和受控列车紧密地连接在一起。

（2）列车定位　只有确定了列车的准确位置，才能计算出列车间的相对距离，保证列车的安全间隔；只有确定了列车的准确位置，才能对列车进行恰当的速度控制。CBTC 系

统依据列车本身的测速测距和探测地面应答器对列车位置的测量，查询系统数据库，实现列车的定位。

2. CBTC 系统的优点

随着信号控制和通信技术的融合发展，CBTC 系统已成为列车控制系统技术发展的重要趋势。与 TBTC 系统相比，CBTC 系统具有更加安全、高效和灵活的优点。具体如下：

1）实现车地双向、实时、高速度、大容量的信息传输，易于实现无人驾驶。

2）列车定位精度高，移动授权更新快。

3）轨旁设备简单、可靠性高，不受牵引回流干扰。

4）缩短列车追踪间隔，提高线路通行能力。

3. CBTC 系统的设备组成

CBTC 系统设备主要包括无线数据通信网、车载设备、区域控制器和控制中心等，如图 6-9 所示。无线通信为信号轨旁子系统和车载子系统之间提供了双向无线信息传输，沿线路分布的无线电台保证了无线网络对整条线路的覆盖。车载设备包括无线电台、车载计算机和传感器、查询器等，车载设备保证列车在该速度曲线下运行，ATO 系统在 ATP 系统的保护下控制列车的牵引、巡航及惰行、制动。

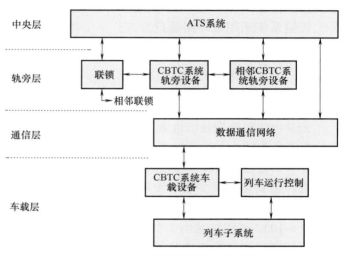

图 6-9　基于通信的列车自动控制系统

任务四　城市轨道交通通信系统的认知

任务目标

熟悉城市轨道交通通信系统的组成。

知识课堂

城市轨道交通通信系统在保证列车运行安全、提高运营效率、提升运营服务质量等方面起着重要作用。通信系统应能迅速、准确、可靠地传递和交换各种信息，在正常情况下能将各站的客流量、沿线列车的运行状况等信息及时传送到运营控制中心，并将运营控制中心发布的各项调度命令及各种控制信号传送至各个车站的执行部门，从而使城市轨道交通系统始终处于有条不紊的状态，为乘客出行提供高质量的服务保证。在突发火灾或其他事故情形下应能作为应急处理、抢险救灾的联络手段。

城市轨道交通通信系统一般由传输系统、公务电话系统、专用电话系统、无线通信系统、闭路电视监控系统、广播系统、时钟系统和电源、接地及防雷系统等组成。

一、传输系统

传输系统是城市轨道交通通信系统最重要的子系统，担负着城市轨道交通几乎所有通信系统信息传输的重任。传输系统是系统各站点与控制中心及站与站之间的信息传输和信息交换的通道，一般由车站设备、控制中心设备和传输线路组成。车站设备用来将车站各系统需要上传的电信号转换成光信号，通过光缆线路传到控制中心；控制中心设备将车站上传的光信号转换成各通信子系统需要的电信号，用来检测整个网络设备的运行状态，同时还具有系统参数设置、故障统计、报表输出、系统用户权限设置等功能。

传输系统采用双环路运行方式：一个环路运行，负责传送信息；另一个环路备用。两个环路功能一致，同时运行，并不断监测备用环路，确保备用环路能随时启动。一旦主路故障，备用环路立即启动。

二、公务电话系统

公务电话系统为城市轨道交通相关岗位人员提供内部和外部电话语音通信，以数字程控交换机设备为核心，连接城市轨道交通各办公管理部门、运营控制中心、车站、设备室和车辆段等电话分机，以满足城市轨道交通对内和对外的通信需求。

为保证安全和减少成本使用专网网络构建，公务电话系统由数字交换机通过传输系统构成环形结构（图6-10）。该网络是用3个数字交换机组成的网络，当任意两台交换机之间的传输中断时，可以迂回通过传输线路保证联络的畅通，从而保证通信的顺利进行。

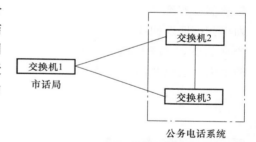

图6-10　公务电话系统环形结构

三、专用电话系统

专用电话系统主要供运营控制中心的调度员、车站值班员、车辆段或停车场值班人员、车站维护人员等提供直线电话服务功能和组呼功能，实现快捷可靠的通信，以组织指挥行车、运营管理及确保行车安全，并为轨旁电话、机房电话和其他内部电话提供自动交换功能。

专用电话系统主要包括调度电话、区间电话、站间行车电话、站内集中电话、紧急电话、接车电话、市内直线电话等，可提供专用直达通信，具有单呼、组呼、全呼、紧急呼叫和录音等功能，可在车站内各岗位间和车站与车站间进行直达通话。

1. 调度电话

调度电话是运营控制中心调度员组织、指挥所辖范围内的值班员而设的一种专用通信设备，为运营控制中心调度员与各车站、车辆段或停车场值班员以及与办理行车业务直接有关的工作人员专用的直达通信工具。必须迅速、可靠地直通电话，同时不应接入与本业务无关的电话。调度电话有行车调度电话、电力调度电话、防灾报警调度电话和总调度电话等。

2. 区间电话

区间电话是供列车司机、区间维修人员与邻站值班员及相关部门联系的电话。为满足城市轨道交通系统运营、维护及应急的需要，方便列车司机及其他工作人员在轨道沿线能随时和运营控制中心直接取得联系，一般在区间内每 150~200m 安装一部电话。

3. 站间行车电话

站间行车电话是保证安全行车的专用电话设备，供相邻两车站值班员之间办理有关行车业务联系时使用。站间行车电话设在车站行车值班室，应具备直线电话功能，即任一方摘机不必拨号即可建立相知互见的通话关系。

四、无线通信系统

无线通信系统是指采用无线通信设备，用于城市轨道交通列车运行指挥、公共治安、防灾应急通信和设备及线路的维修施工通信的系统，主要包括列车无线调度指挥系统、公共治安无线系统和防灾无线系统。列车无线调度系统是调度员与列车司机通信的唯一手段，也是移动作业人员和抢险人员实现通信的主要手段。

无线通信系统由列车调度台、车辆段调度台、环控调度台与维修调度台等组成。列车调度台供行车调度员、列车司机、车站值班员之间进行通信联络，满足行车需要；车辆段调度台供车辆段值班员、例检库运转值班员、列车司机、场内作业人员之间进行通信联络，满足段内调车及车辆维修需要；环控调度台供环控调度员、车站值班员、现场指挥人员之间进行通信联络，满足事故抢险及防灾需要；维修调度台供维修调度员与现场值班员之间进行通信联络，满足线路及设备日常维护及抢修需要。

五、闭路电视监控系统

闭路电视监控系统是供运营控制中心调度管理员、车站值班员、站台管理员和列车司机实时监控车站客流、列车出入站、乘客上下车等情况，以提高运营组织管理效率，保证列车安全、正点运送乘客的系统。该系统对城市轨道交通安全防范、反恐防灾起到积极作用，借助于录像还可以进行安全事故取证。

闭路电视监控系统由中心级设备和车站级设备组成，能满足两级监视需求，可监视车站内所有公共区域，站台要求能监视到每一扇车门乘客的出入情况。车站级与中心级的视频监视系统相互独立，中心级能随意查看所有车站的图像。

六、广播系统

广播系统是城市轨道交通运营行车组织的必要手段，具有快速响应的能力，在城市轨道交通通信系统中发挥着重要的作用，分为地面广播系统和车载广播系统两类。

1. 地面广播系统

地面广播系统的作用是对乘客进行广播，通知列车到站和离站、线路换乘、时间变更、列车误点等信息，或在突发情形下组织指挥疏导乘客，由车站广播系统设备、运营控制中心广播系统设备和传输线路组成。车站广播系统设备由车站值班员操作，对车站各广播区定向广播；运营控制中心广播系统设备主要由调度人员操作，控制中心可对任意一个或多个车站的任意广播区进行广播，也可对车站播放语音进行监听。运营控制中心广播具有高优先级，但在通常情形下以车站广播为主。传输线路包括本地传输线路和运营控制中心到车站的传输线路，车站广播系统和运营控制中心广播系统之间的传输线路有控制线路和语音线路两种。

2. 车载广播系统

车载广播系统的作用是给乘客发布到站、离站信息，同时在紧急情况下向乘客播放相关疏导信息。车载广播系统有地面列车车载广播系统和隧道列车车载广播系统两种。地面列车车载广播系统可接收到GPS定位信号，采用GPS接收机定位触发，实现自动广播方式。列车行驶在隧道内无法接收GPS定位信号，需要通过轨道电路触发设备来实现自动播发广播信息的功能。

七、时钟系统

时钟系统为城市轨道交通提供高质量、标准化的统一时间，使整个城市轨道交通系统的各子系统的时间统一在同一个时间基点上，从而确保列车准点运行。时钟系统采用GPS标准时间信息作为系统时间源，为城市轨道交通信号、通信、自动售检票系统、环控系统、火灾报警系统、电力远动监控系统等提供统一的时间信息。

时钟系统由GPS标准时钟信号接收单元、一级母钟、二级母钟及子钟等组成。一级母钟设置在运营控制中心，负责将接收到的GPS时间发送到所有车站的二级母钟，同时传送给其他系统。二级母钟设置于各车站、停车场、车辆段的通信设备机房内，用于接收一级母钟发送过来的GPS时间。子钟安装于各车站站厅、站台、车站值班室、停车场值班室等需要显示时间信息的场所。

八、电源、接地及防雷系统

电源、接地及防雷系统主要为通信设备提供电源、安全防护等，以保障保护通信系统正常使用。

1. 电源系统

电源系统是一套独立的专用供电设备，需按一级负荷供电方式配置，保证对通信设备不间断的供电，满足通信设备对电源的要求，主要由交流配电柜、高频开关直流配电柜、不间断供电设备及蓄电池组等组成。

2. 接地系统

由于城市轨道交通电力牵引系统等管线会对通信设备产生干扰，为防止外界电压危害人身安全和通信设备，避免各种电气干扰，保证通信设备的正常工作，在运营控制中心、各车站、车辆段和停车场必须设置接地系统。

3. 防雷系统

防雷系统为其他通信子系统提供防雷保护，当设备遭到雷击或强电干扰时，可通过隔离保护、均压、屏蔽、分流、接地等方法减少雷电对设备的损害。

复习与思考

1. 简述城市轨道交通信号系统的组成。
2. 简述计算机联锁的基本内容及实现步骤。
3. 固定闭塞、准移动闭塞与移动闭塞的特点比较。
4. 简述基于通信的列车自动控制系统的特点。
5. 简述列车自动控制系统的构成及各子系统的功能。

项目导入

城市轨道交通是一个庞杂的大系统，在运输组织上，实行集中调度、统一指挥、逐级负责、按图运行；在功能实现上，需要车辆、机电、通信、信号、供电等紧密配合，确保相关设备系统状态良好，运行正常；在安全保证方面，主要依靠合理的行车组织规则和可靠的设备运行来保证行车间隔。城市轨道交通运营管理是综合利用相关设施设备为乘客提供优质服务的保证，主要包括行车管理、客运管理、票务管理和安全管理等。大量高科技设备的投入运用，客流增长与运能矛盾的突显，各方面对服务水平、运营安全与经济效益的关注以及网络化运营反映出来的诸多问题，使人们认识到运营管理的重要性和加强运营管理的必要性。

任务一　城市轨道交通组织架构的认知

任务目标

1. 了解城市轨道交通企业组织及车站组织架构。
2. 熟悉相关岗位职责。

知识课堂

城市轨道交通行业具有客流量大且流动性强、设备技术含量高、行车间隔时间短、列车运行速度较快、停站时间短及安全性要求高等特点。因此，城市轨道交通组织架构的设置必须科学，符合城市轨道交通行业自身的特点和运作规律。

一、企业组织架构

截至 2019 年 6 月底，国内（不含港澳台地区）已有 36 个城市的轨道交通系统开通运营，意味着国内至少有 36 家城市轨道交通企业。每家企业都有其自身的组织架构模式，重要的是它必须符合该企业的发展要求。

1. 企业组织架构概述

当前，城市轨道交通企业大多采用集团公司、分公司两级模式。在集团公司层面，设相关职能部门，如人力资源部、财务部、发展规划部、宣传部等，具体负责集团公司相关业务。在集团公司统一领导下，成立各具体业务分公司，如负责运营的运营分公司、负责工程建设的建设分公司、负责开发的开发分公司等。此外，广州等城市轨道交通企业不设运营分公司，而采取事业部模式。

2. 运营分公司模式

与城市轨道交通运营管理有关的业务大多属于运营分公司业务范围，因此，运营分公司在城市轨道交通企业组织架构中占有重要地位。不同城市轨道交通企业运营分公司组织架构模式不尽相同，概括来说，主要有多家运营分公司和独家运营分公司两种模式。

（1）多家运营分公司模式　北京、上海等城市轨道交通运营线路较多的城市采用了多家运营分公司模式。北京市地铁运营有限公司成立于 1970 年 4 月 15 日，是北京市市属大型国有独资公司，是国内最早成立的城市轨道交通运营企业，开通运营了新中国第一条地铁。截至 2018 年年底，北京市地铁运营有限公司共运营 16 条线路，总运营里程超过 500km，年客运量 31.16 亿人次。负责线路运营的有运营一分公司、运营二分公司和运营三分公司。

上海申通地铁集团有限公司是一家融轨道交通投资、建设、运营管理、资源开发和设计咨询为一体的大型国有企业集团，是上海轨道交通投资、建设和运营的责任主体。目前，集团公司投资建设并已投入运营的轨道交通线路有 17 条，运营线路总长度达到 705km（含磁浮线），运营车站 415 座，路网规模居于世界各大地铁城市前列。负责线路运营的有第一运营有限公司、第二运营有限公司、第三运营有限公司、第四运营有限公司和上海磁浮交通发展有限公司。

（2）独家运营分公司模式　独家运营分公司模式适用于初期运营线路不多的城市轨道交通企业，这一模式目前在国内普遍应用，如成都地铁集团有限责任公司运营分公司（图 7-1）。在该模式下，运营分公司全面负责所辖线路的运营管理，下设站务中心、车辆中心、维修中心、通号中心和乘务中心等相关职能部门，具体负责相关业务。

3. 事业部模式

广州等城市轨道交通企业采取事业部模式，由事业部负责相关业务，如建设事业总部具体负责工程建设、运营事业总部具体负责运营管理事务等，如图 7-2 所示。

二、车站组织架构

城市轨道交通车站组织架构与企业组织架构一脉相承，以地铁车站为例，一般实行层级负责制，由上至下的顺序依次为：站长→值班站长→值班员→站务员，如图 7-3 所示。车站的运营管理主要由值班站长具体负责，值班站长受站长委托全面负责当班期间接发列车、工程施工、疏导客流、乘客服务、事故事件处理及人员管理等工作。值班员分为行车值班员和客运值班员，在值班站长领导下，各自负责所辖事务。站务员一般分为票务岗站务员和站台岗站务员，票务岗站务员具体负责客服中心乘客票务、乘客咨询等事务；站台岗站务员具体负责站台接发列车、引导乘客上下车等事务。总之，城市轨道交通车站在值班站长的指挥下，各岗位人员按照岗位职责和工作流程开展工作，各司其职。

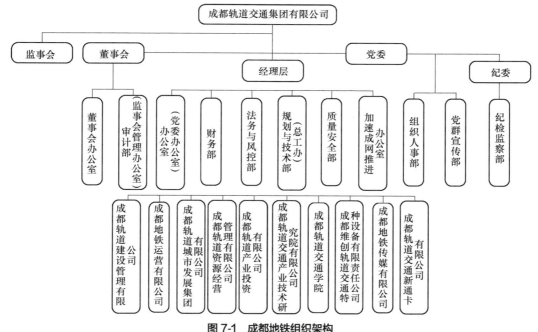

图 7-1 成都地铁组织架构

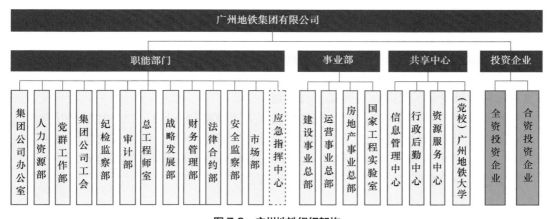

图 7-2 广州地铁组织架构

三、调度指挥组织架构

城市轨道交通行业在运营组织方面，实行集中调度、统一指挥、逐级负责、按图行车。其中，调度指挥由运营控制中心（Operation Control Center，OCC）来执行。运营控制中心不仅要负责城市轨道交通运营列车运行指挥、设备运行监控，还要对运营信息进行收发、事故故障进行应急处理。而一旦发生突发事件，控制中

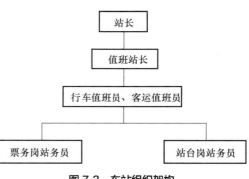

图 7-3 车站组织架构

心还负责与外界协调联络，对运营进行支援。因此，运营控制中心被视为城市轨道交通的"大脑"。在运营控制中心，共有多个工种的工作人员，他们各司其职又相互配合，如图 7-4 所示。

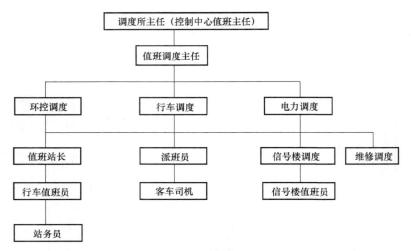

图 7-4　调度指挥组织架构

四、运营管理岗位职责

城市轨道交通企业运营管理涉及多个岗位，概括来说，主要有运营控制中心相关岗位和车站相关岗位。运营控制中心岗位负责全线路的运营管理事务，车站岗位负责本站运营管理事务。

1. 运营控制中心岗位及职责

（1）行车调度员岗位职责

1）组织指挥各部门、各工种严格按照列车运行图的规定和要求行车。

2）组织列车到发和途中运行、监控列车行车和设备运转状况。

3）根据客流变化、及时调整列车开行计划。

4）列车晚点、运行秩序紊乱时，通过自动或人工调整列车运行，尽快恢复按图行车。

5）发生行车事故时，按照规定立即向上级和有关部门报告，迅速采取救援措施，最大限度地减少人员伤亡、降低事故损失、防止事故升级，及时恢复列车的正常运行。

6）安排各种检修施工作业、组织施工列车开行。

（2）电力调度员岗位职责

1）监督指挥供电系统的运行和操作，审批供电设备的检修作业，正确、迅速、果断地指挥供电设备的故障处理。

2）充分发挥城市轨道交通供电设备的能力，满足各类设备的用电需求。

3）监督整个城市轨道交通供电系统安全运行和连续供电。

4）根据城市轨道交通供电系统实际情况，按供电模式要求监督整个系统在最经济方式下运行。

（3）环控调度员岗位职责

1）负责城市轨道交通环控系统的调度和管理工作，监督 BAS 环境监控系统、FAS 火灾报警系统及气体灭火系统的运行。

2）负责指挥城市轨道交通环控系统，实现安全、高效、经济的运行，为乘客提供安全、舒适的乘车环境。

3）在城市轨道交通区域内发生火灾时，通过指挥环控设备执行相应的通风模式，协助、配合火灾扑救工作，确保乘客和工作人员的生命和财产安全。

（4）维修调度员岗位职责

1）接收物资设施系统设施设备和 AFC 系统故障（事故）报告，并记录有关情况。

2）对接收的物资设施系统设施设备的故障（事故）报告信息进行初步分析判断，报相关部门，并向各中心发布设备维修调度命令，同时跟踪设备维修调度命令的执行情况，对故障（事故）处理过程中发生的各类事项进行必要的协调。

3）对物资设施系统设施设备的故障（事故）进行分类、分析、统计，按时填写物资设施部故障（事故）分析日（月）报，并报物资设施部。

4）校核物资设施部管理范围内的维修计划并协调、配合计划实施，监督、跟踪作业命令的执行与完成情况，对作业命令的执行进行必要的协调；对计划完成情况进行统计、上报。

2. 车站岗位及职责

（1）站长　站长全面负责车站行政管理工作，对车站的安全、票务、服务、培训、人员及班组建设等工作负责；组织本站人员完成车站行车、票务和客运服务工作及特殊情况下的应急组织。站长不仅要代表城市轨道交通企业在车站行使属地管理权，还需要经常与周边部门沟通、协调，创造良好的运作环境。站长还有对辖内员工的岗位调整权、监督考核权、晋升推荐权。

（2）值班站长　值班站长直接对站长负责，服从行车调度员、电力调度员等运营控制中心岗位的统一指挥，对本班的行车、客运、票务、培训及人员管理等具体事务进行管理和落实。在日常工作中负责本班工作人员的管理、监督检查、指导等工作。

（3）值班员　值班员分为行车值班员和客运值班员，是车站落实行车组织和客运组织的关键岗位。在值班站长的领导下，具体执行行车和客运的组织要求，按照工作流程开展工作，并对当班站务员的工作进行监督指导。在发生设备故障或紧急情况时，协助值班站长进行处理。

（4）站务员　站务员主要直接面向乘客提供服务，包括售检票业务、接发列车、组织列车、组织乘客乘降、回答乘客问询及对车站设备和设施运营状态进行巡视检查等具体工作。

根据负责业务的不同以及岗位区域的不同，站务员通常分为票务岗和站台岗，个别车站还设厅巡岗。其中，票务岗通常以售票、兑零、处理乘客票务事务为主；站台岗通常以站台接发列车、回答乘客问询、组织乘降等工作为主；厅巡岗通常以巡视站厅设备和设施、回答乘客问询、组织及引导乘客购票等内容为主。在规模及业务量较小的城市轨道交通车站，一般可将厅巡岗、站台岗合并为巡视岗，按照规定的岗位流程对站厅、站台进行巡视，同时履行厅巡岗、站台岗职责。

任务二　城市轨道交通行车管理的认知

🔶 任务目标

1. 熟悉城市轨道交通列车运行图。
2. 熟悉城市轨道交通列车运行组成。

知识课堂

行车管理是城市轨道交通企业运营管理的核心组成部分，是综合运用各种专业设备、组织协调运营活动的技术业务。行车管理采用先进的组织方法和技术手段保证列车运行系统、客运服务系统和检修保证系统的设施设备正常运转，以保证安全、正点、优质、高效地完成乘客运送任务。

一、列车运行计划

列车运行计划确定了各条线路全天不同时期列车运行的密度与时刻，是城市轨道交通运营组织的基础。该计划由全日行车计划、列车交路计划、车辆配备计划和列车运行图组成，包含列车在各车站的起停时间、作业方式、折返方式及所用车辆、出入库路径等。通过列车运行计划，网络化运营连成一个整体，并有秩序地进行作业。

1. 全日行车计划

全日行车计划是指运营时间内各个小时开行的列车对数计划，它规定了城市轨道交通线路的日常作业任务，是科学组织运送乘客的办法，也是编制列车运行图、计算运营工作量和确定车辆运用的基础资料。全日行车计划根据运营时间内各个小时的最大断面客流量、列车定员人数、车辆满载率和希望达到的服务水平综合考虑编制。

2. 列车交路计划

列车交路计划根据运营管理的要求及运营条件的变化，按列车运行图或由调度员指挥列车，规定了列车的运行区段、折返车站和按不同列车交路运行的车辆对数。列车交路计划的确定应从经济合理的角度出发，既要保证满足乘客需求又要考虑如何利用运能，以提高经济效益。

列车交路分为长交路、短交路和长短交路三种。长交路是指列车在线路上全线运行；短交路是指列车在线路的某一区段运行，在指定的车站折返；长短交路是指线路上两种交路并存的列车运行。长交路列车运行组织简单，对中间站折返设备要求不高，但在各区段客流量不均衡的情况下会产生部分区段运能的浪费。短交路适应了不同客流区段的运输需求，但对车站折返要求较高。长短交路混跑的组织方案，既能满足运输需求，又能提高运营效益。

3. 车辆配备计划

车辆配备计划是为完成全日行车计划而制订的车辆保有数安排计划。根据车辆配备计划推算车辆数、在修车辆数和备用车辆数，确定在一定类型的设备和行车组织方法条件下，为完成一定的运输任务而必须保有的车辆。

4. 列车运行图

列车运行图是利用坐标原理表示列车运行的一种图解形式，是表示列车在各站和区间运行状态的二维线条图，能直观地显示各次列车在时间和空间上的相互位置和对应关系，如图7-5所示。

扫一扫

列车运行图
编制及应用

（1）列车运行图的作用　城市轨道交通列车运行图的作用主要有：

1）列车运行图是组织列车运行的基础。列车运行图规定了各次列车占用区间的顺序，在每个车站到达、出发或通过的时刻，列车在区间的运行时间以及列车在车站的停站时间和在折返站折返作业的时间及列车交路与出入停车场时刻等。列车运行图能直观地显示列车在时间和空间上的关系，能直观地显示列车在各区间的运行及在各车站停车或通过的状态。

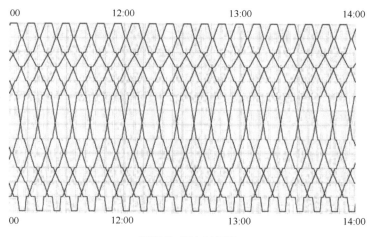

图 7-5　列车运行图

2）列车运行图是城市轨道交通运营的综合性计划。城市轨道交通企业通过列车运行图将整个运输生产活动联系成一个统一的整体，把和列车运行的相关部门组织起来。在保证合理安全运营的前提下，按照列车运行图的需要制订各自的计划，并按一定程序进行工作，共同保证列车安全正点运营。如运营控制中心根据列车运行图指挥列车运行；车站根据列车运行图安排行车和客运组织工作；车辆维修部门每天运营前要整备好运营需求的列车；乘务部门要根据列车运行图的要求确定列车的派出时刻和列车司机的作息计划；通号部门等也要根据列车运行图的规定安排施工和维修计划。

（2）列车运行图的图解表示要素　　列车运行图利用平面直角坐标系的原理，用横坐标表示时间和纵坐标表示距离的方式表示列车运行的轨迹。

1）横坐标。横坐标表示时间变量，按要求用一定的比例进行时间划分，一般城市轨道交通列车运行图采用 1 分格或 2 分格，即每一等分表示 1min 或 2min。

2）纵坐标。纵坐标表示距离分割，根据区间实际里程采用规定的比例，以车站中心线所在位置进行距离定点。

3）垂直线。垂直线是一组平行的等分线，表示时间等分线。

4）水平线。水平线是一组平行的不等分线，表示各个车站中心线所在的位置，也称为站名线。

5）斜线。斜线是列车运行轨迹（径路）线，上斜线表示上行列车，下斜线表示下行列车。

6）在列车运行图上，列车运行线与车站的交点即表示该列车到达、出发或通过的时刻。由于城市轨道交通列车停站时间较短，一般不标明到、发不同的时间。

7）在列车运行图上，每个列车均有不同的车号和车次，一般按发车顺序编列车车次，上行采用双数，下行采用单数。

（3）列车运行图的格式　　列车运行图按照时间段划分的不同，有以下四种基本格式。

1）一分格运行图。一分格运行图是指横轴以 1min 为单位用竖线进行等分。此种运行图适用于行车间隔时间短的地铁、轻轨等城市轨道交通系统。

2）二分格运行图。二分格运行图是指横轴以 2min 为单位用竖线进行等分。此种运行图适用于行车间隔时间较长的地铁、轻轨等城市轨道交通系统。

3）十分格运行图。十分格运行图是指横轴以 10min 为单位用竖线进行等分。此种运行图适用于市域快速轨道系统。

4）小时格运行图。小时格运行图是指横轴以 60min 为单位用竖线进行等分。此种运行图适用于铁路运输企业。

（4）列车运行图的分类

1）按区间正线数分类。按区间正线数可分为单线运行图和多线运行图。

2）按列车之间运行速度差异分类。按列车之间运行速度差异可分为平行运行图和非平行运行图。

3）按上下方向的列车数分类。按上下方向的列车数可分为成对运行图和非成对运行图。

4）按同方向列车运行方式分类。按同方向列车运行方式可分为连发运行图和追踪运行图。

5）按使用范围分类。按使用范围可分为日常运行图、节假日运行图、其他特殊运行图。

城市轨道交通系统的列车运行图因其系统特征所致，大多采用双线成对追踪平行运行图。

二、行车调度指挥

在运营过程中，为保证完成乘客运输计划，实现列车运行图，必须进行一系列的日常工作组织，即行车调度指挥工作。行车调度指挥是城市轨道交通企业日常工作组织的指挥中枢，担负着组织行车、提高运营服务质量、确保运输安全、完成乘客运输计划和实现列车运行图的重要责任，对城市轨道交通日常工作的开展起着决定性作用。

城市轨道交通是一个复杂的、技术密集型的城市公共交通系统。为统一指挥、有序地组织运输生产活动，城市轨道交通系统设立运营控制中心。运营控制中心实行分工管理原则，按业务性质划分为若干部分，设置不同的调度岗位，如行车调度员、电力调度员、环控调度员和维修调度员等。

三、列车运行组织

列车运行组织是城市轨道交通运营管理的中心工作。城市轨道交通是一个庞杂的大系统，系统中任一环节出现问题，都可能对整个系统的正常运转带来严重的后果，而整个系统的正常运转则集中体现在列车的运行组织工作中，它是保证将乘客由出发站安全、准时、快捷地运送到目的地的关键。

1. 正常情况下的行车组织

正常情况下的行车组织由列车自动运行控制系统根据信号设备所能提供的运行条件，分为调度集中控制、调度监督下的自动运行控制和半自动控制三种形式。

（1）调度集中控制　调度集中控制的行车组织方式，是在调度中心行车调度员的统一指挥下，利用行车设备对列车的到、发、折返等作业进行人工控制和调整。调度集中控制下的行车组织的指挥人为行车调度员，车站不参与行车组织工作。

（2）调度监督下的自动运行控制　自动运行控制是当今世界城市轨道交通列车运行组织的发展趋势及主流行车控制方式。许多早期建成轨道交通的城市，由于当时各方面技术条件的限制，曾采用半自动化和人工方式进行行车组织，近年来已逐步采用自动运行控制替代。自动运行控制利用计算机技术对列车运行进行自动指挥和自动运行监护，并由列车运行保护系统提高行车安全系数。

（3）调度监督下的半自动运行控制　　半自动控制是在调度中心的统一指挥和监督下，由车站行车值班员操作车站电气集中或临时信号设备控制列车的运行。在一些早期建成的城市轨道交通系统中，至今仍采用这种列车运行组织方式。在一些新线上，由于信号系统尚未安装调试完毕，在过渡期运营时也会采取这种方式进行行车组织。

2. 非正常情况下的行车组织

非正常情况下的行车组织是相对上述正常情况下的行车组织而言的，也就是在基本列车运行控制方式中，由于信号故障、道岔故障等原因而不能继续采用原行车控制方式的情况下的列车运行组织。电话闭塞法是在非正常情况下行车组织所采取的基本方法。对于一些由于特殊情况造成的、对原行车组织方式做出重大调整的行车组织，也属于非正常情况下的行车组织范畴。如列车救援，因故采用一线一车或分段运行等，都必须在行车调度员的统一指挥及确保安全的前提下组织列车运行。

3. 车站的行车组织

车站的行车组织工作在运营控制中心的统一指挥下，合理运用车站的各项技术设备，负责车站行车控制指挥、施工及其他作业，包括车站列车运行控制、车站施工组织、接发列车组织工作等。

正常情况下，城市轨道交通由运营控制中心负责全线的行车指挥工作，车站只是监视列车运行而不进行进路排列等具体控制工作。只有当运营控制中心 ATS 系统设备发生故障时，由行车调度员将指挥权下放到车站，且只有联锁站才能排列进路。由行车值班员在计算机联锁区域操作员工作站上排列进路并监视列车运行，此时车站的主要行车工作是接发列车作业、列车折返作业等。

4. 车辆段的行车组织

运转值班员全面负责车辆段的行车组织作业，是行车组织的负责人，信号楼值班员负责列车进路和调车进路的办理。车辆段的行车组织作业包括车辆运用作业和为完成车辆调移而进行的调车作业。

（1）车辆运用作业　　城市轨道交通车辆运用作业包括以下几个方面：

1）列车出车作业。运转值班员根据现有的列车运行图、运营检修用车安排、车场线路存车情况等编制发车计划，发车计划编完后将计划下达给信号楼值班员，同时上报给行车调度员。运转值班员还需协助列车司机办理出乘作业，如车辆有故障，及时调整列车的出车次序，并给信号楼和行车调度传达变更出车计划。

2）列车收车作业。列车经入库线入库停稳后，运转值班员协助列车司机办理退勤手续。

3）列车整备作业。运转值班员根据清洗计划组织列车清洗，若无清洗作业，应及时向车辆检修部门办理车辆交接手续，以便进行列车检修作业。

（2）调车作业　　因列车折返、转线、解体、编组和车辆摘挂、取送等作业需要，列车在线路上进行有目的的调动均属于调车作业的范围。调车作业是一项多工种联合进行的复杂作业，必须实行统一领导、单一指挥。运转值班员负责编制调车作业计划，信号楼值班员办理调车进路，调车长指挥调车作业的实施，调车司机或调车员完成调车作业。

调车工作应及时完成调车任务，保证列车按图运行和其他有关作业的按时完成，充分运用各种技术设备，采用先进的作业方法，提高作业效率和确保作业安全。为达到此要求，调车工作必须遵守行车组织规则和有关调车作业的规定。

任务三　城市轨道交通客运管理的认知

任务目标

掌握城市轨道交通客流调查、客流分析及客运组织。

知识课堂

客运管理是城市轨道交通企业运营管理的重要组成部分，有效、合理、科学的客运管理是城市轨道交通完成大运量客运服务的前提和重要保证。

一、客流分析

客流是指在单位时间内，城市轨道交通线路上乘客流动人数和流动方向的总和。客流的概念表明乘客在空间上的位移及数量，强调了这种位移带有方向性、具有起止位置，有预测客流和实际客流之分。

客流是规划城市轨道交通线网及线路走向，选择城市轨道交通系统制式及车辆类型、车站规模大小和设备容量，进行项目经济评价的依据，也是城市轨道交通安排运力、编制列车开行计划、组织日常行车和分析运营效果的基础。衡量指标有：全日客流、全日分时客流及高峰小时客流；断面客流和车站客流等。

1. 客流预测

客流预测的基础是大量而丰富的统计资料，包括城市经济与社会发展计划、社会经济各种统计资料、城市轨道交通企业历年的客流资料和各种客流调查资料等。客流预测方法有定性和定量两种。

（1）定性客流预测法　定性客流预测法是指根据已掌握的历史资料和直观材料，依靠熟悉业务知识、具有丰富经验和综合分析能力的人员与专家，运用个人的经验和分析判断能力，对事物的未来发展做出性质和程度上的判断，然后再通过一定形式综合各方面的意见，作为预测未来的主要依据。

小知识

常见的定性客流预测方法有集体意见法和专家预测法。集体意见法的优点是占有的信息量大，可互相启发、取长补短；不足之处是个人意见易屈服于多数人的意见。专家预测法的优点是集思广益、客观准确地反映问题的全貌，缺点是花费时间较长。

（2）定量客流预测法　定量客流预测法是指建立在统计资料的基础上，依据历史和现在的原始客流数据，并在假定这些数据所描述的趋势对未来适用的基础上，运用恰当的数学模型进行计算，据此预测市场未来变化的预测方法。

2. 客流调查

客流调查涉及客流调查内容、地点和时间的确定，调查表格的设计，调查设备的选用和调查方式的选择等。城市轨道交通的客流是动态变化的，在运营过程中，为掌握客流现状与变化规律，需进行各种形式的客流调查。

（1）客流调查的种类　城市轨道交通客流调查有全面客流调查、乘客情况抽样调查、断面客流调查、节假日客流调查和突发客流调查。

1）全面客流调查。全面客流调查是对全线客流的综合调查，调查时间长、工作量大，需要较多的调查人员，但在对调查资料进行整理、统计和分析的基础上，能对客流现状及客流规律有全面清晰的了解。全面客流调查分随车调查和站点调查两种，一般应连续进行2~3天调查，分组分时将数据记录下来。

2）乘客情况抽样调查。乘客情况抽样调查通过问卷方式进行，内容包括乘客构成情况调查和乘客乘车情况调查两项。主要调查乘客的年龄、性别、职业、家庭住址、单位地址、出行目的、日均乘车次数、上车站和下车站等。

3）断面客流调查。断面客流调查属于经常性的客流抽样调查，可根据需要选择一个或多个断面进行调查，多对最大断面客流进行调查，采用直接观察法调查车内乘客人数。

4）节假日客流调查。节假日客流调查属于专题性客流调查，重点对元旦、春节、国庆节和双休日等的客流进行调查，一般采用问卷的方式。

5）突发客流调查。突发客流调查是针对大型集散场所和大型事件活动产生的短时较大客流进行的调查。

（2）客流调查的统计指标

1）乘客人数：包括分时与全日各站上下车人数、换乘人数、各站全线高峰小时人数、各站与全线全日乘客人数、高峰小时乘客人数占全日乘客人数的比例等。

2）断面客流量：包括分时与全日各断面客流量、分时与全日最大断面客流量和高峰小时最大断面客流量等。

3）乘客乘坐站数与平均站距：包括本线乘客乘坐不同站数的人数及所占百分比、跨线乘客乘坐不同站数的人数及所占百分比、平均乘车距离。

4）乘客构成及乘车情况：包括持不同票种乘客人数及所占百分比，乘客的收入、职业、性别、上下站及换乘站等。

3. 客流分析

城市轨道交通客流是动态的，对客流的分布特征与动态变化进行实时跟踪和系统分析，掌握客流现状与变化规律，有助于经济合理地进行线网规划、运力安排与设备配置。客流分析的重点是客流在时间与空间上的分布特征、动态变化规律及客流与行车组织、客运组织能力配备的关系。

（1）客流的时间分布特征

1）一日内小时客流分布特征。城市轨道交通一日内小时客流随人们的生活节奏和出行特点而变化，通常是早晨渐增，上班和上学时达到高峰，午间稍减，傍晚因下班和放学又是高峰，进入晚间客流逐渐减少。因此，城市轨道交通一日内小时客流通常是双峰型。

2）一周内全日客流分布特征。由于人们的工作与休息是以周为循环周期进行的，这种活动规律性必然要反映到一周内全日客流的变化上来。与工作日的早、晚高峰出现时间比较，双休日的早高峰小时出现时间往往推迟，而晚高峰出现时间又往往提前。另外，星期一与节假日后的早高峰小时客流和星期五与节假日前的晚高峰小时客流，都会比其他工作日的早、晚高峰小时客流要大。

3）车站高峰小时客流分布特征。车站高峰小时客流是确定车站设备容量或能力的基本依据。车站高峰小时客流分析，首先应确定进站、出站高峰小时出现的时间，其次才是分析客流量的大小。此外，还应分析客流的发展趋势。随着城市轨道交通新线投入运营、既有线路延伸，高峰小时进站、出站客流会发生较大变化。而车站吸引区内在住宅、商业和文化娱乐等方面的发展也会使高峰小时进站、出站客流发生较大的变化。

（2）客流的空间分布特征

1）各条线路客流分布特征。各条线路客流不均衡的决定因素是沿线土地利用状况的不同，而城市轨道交通线网与接运交通的现状也是各条线路客流不均衡的影响因素。各条线路客流的不均衡包括现状客流分布的不均衡和客流增长的不均衡两方面，它们构成了整个城市轨道交通线网客流分布的不均衡。

2）上下行方向客流分布特征。由于客流的流向原因，城市轨道交通线路上下行方向的最大断面客流通常是不均衡的。在放射状的城市轨道交通线路上，早、晚高峰小时上下行方向的最大断面客流不均衡尤为明显。

3）线路断面客流分布特性。在城市轨道交通线路上，由于各个车站乘降人数的不同，线路上各区间的断面客流通常各不相同，甚至相差悬殊。断面客流分布通常是阶梯形与凸字形两种情形，前者是指线路上各区间的断面客流为一头大，一头小；后者是指线路上各区间的断面客流为中间大、两头小。

4）站间 OD 客流分布特征。站间 OD 客流分析的重点是各个客流区段内和不同客流区段间的各站到发客流分布特征。在城市轨道交通线路较长，并且各个客流区段的断面客流不均衡程度较大时，大客流区段通常位于市区段，小客流区段通常位于郊区段。站间 OD 客流分布特征可以用市区段内与郊区段内各站间到发客流分别占全线各站总到发客流的百分比以及在市区段与郊区段间各站到发客流占全线各站总到发客流的百分比来反映。

5）车站内客流分布特征　分析城市轨道交通车站内乘客流向及行程轨迹，车站内客流在空间分布上也存在不均衡现象，包括经不同出入口的客流不均衡、通过不同收费区的客流不均衡、通过同一收费区不同检票机的客流不均衡和上下行方向的乘降客流不均衡等。

4. 客流计划

客流计划是全日行车计划、列车交路计划和车辆配备计划编制的基础。在新线投入运营的情况下，客流计划根据客流预测资料进行编制；在既有线路运营的情况下，客流计划根据客流统计资料和客流调查资料进行编制。其主要内容包括站间到发客流量、各站不同方向上下车人数、全日高峰小时和低谷小时的断面客流量、全日分时最大断面客流量等。

客流计划以站间到发客流量资料作为编制基础，分步计算出各站上下车人数和断面客流量数据。在编制过程中，高峰小时的断面客流量可以通过高峰小时站间到发客流量资料来计算，也可以通过全日站间到发客流量资料来估算。

二、客运组织

客运组织是指通过合理布置客运相关设施设备，对客流采取有效的分流或引导措施来组织客流运送的过程。为广大乘客提供安全、迅速、便利的服务，以满足乘客出行的需要。

车站是城市轨道交通企业的服务窗口，客运组织工作是车站运营管理的重要组成部分，车站客运服务质量的高低将直接反映城市轨道交通企业的管理水平。

1. 正常情况下的客流组织

（1）进站客流组织　进站客流组织主要包括进站、购票、检票、候车和乘车等。进站是乘客乘坐城市轨道交通的第一步，在乘客进站过程中，车站需要分析乘客需求，确定对应客流组织措施。购票和检票环节，乘客可通过自动售检票设备自助完成，必要时车站予以协助。候车和乘车环节，车站注意观察，加强瞭望，引导乘客有序上下车，及时处理突发事件。

（2）出站客流组织　出站客流组织主要包括下车、出闸和出站。出站客流组织应以尽快疏散乘客出站为原则，防止出站与进站客流产生明显对冲和交叉。为防止出站口及出站通道内人员直流影响正常疏散，在出入口及通道避免摆摊、宣传等活动，车站工作人员需定期巡视检查，及时处理。

（3）换乘客流组织　换乘站客流量一般较大，客流流线复杂，客流组织相对复杂。换乘站需根据不同的换乘方式采用不同的方法，原则是组织好换乘客流、缩短换乘路径、减少换乘客流与进出站客流的交叉干扰。

2. 可预见大客流组织

大客流是指车站在某一时段集中达到的、客流量超过车站正常客运设施或客运组织措施所能承担的流量时的客流。大客流主要表现为客流非常拥挤或极度拥挤，乘客流动速度明显减缓，客流交叉干扰严重，对乘客正常的出行造成不利影响，对运营安全造成威胁，如图 7-6 所示。

大客流的组织原则是统一指挥、逐级负责和分级控制，由运营控制中心成立应急指挥小组统一指挥，运营控制中心、站长、值班站长、值班员和站务员各负其责，客流控制遵循"由内至外、由下至上"的原

图 7-6　可预见大客流

则，在车站出入口、进站闸机、站厅与站台的楼梯、电动扶梯处进行重点控制。

大客流的组织应在保证安全的前提下，尽快地疏散客流。大客流组织的主要措施包括增加列车运能、增加售检票能力、采取临时疏导措施、关闭出入口或进行进出站分流。

3. 突发大客流组织

突发事件是指在没有任何征兆的情况下，城市轨道交通车站内、列车上或其他设备设施内突然发生的危及人身安全的事件，如地震、火灾、恐怖袭击、爆炸、大面积停电等。当发生突发事件时，工作人员须按照应急预案要求，冷静、迅速处理，将乘客快速疏散至安全位置，主要的做法有疏散、清客和隔离。

扫一扫

突发事件客运组织

（1）疏散　疏散是指当车站或区间发生紧急情况时，车站工作人员利用通道和出口迅速将乘客从危险区域转移到安全区域。

（2）清客　清客是指当列车、设备故障导致暂时中止服务或行车组织发生变更调整时，需要将列车上或车站的乘客从某一区域转移到另一区域。清客与疏散的区别是：清客是暂停行车服务的客运组织方式；疏散是紧急情况下为保证乘客安全而采取的客运组织方式。

（3）隔离　隔离是指采用某种方式人为地隔开人群或封闭某个区域，分为非接触式与接触式纠纷隔离、疫情隔离和客流流线隔离。

1）非接触式与接触式纠纷隔离　当乘客发生口头纠纷或打架时，车站工作人员要立即上前处理，并通知车站公安到场，同时维持好车站工作秩序。

2）疫情隔离　当车站发生疫情时，车站工作人员应立即上报防疫部门，同时采取清客、关站、列车跳停等措施。

3）客流流线隔离　当车站进出站或换乘客流发生交叉干扰时，车站工作人员利用提前准备好的伸缩栏杆、隔离带、铁马等设备将不同方向的客流分隔开，保持进出站或换乘客流顺畅。

三、客运服务

客运服务是指为使用城市轨道交通出行的乘客提供的服务，是城市轨道交通客运组织工作的一项重要内容，是完成城市轨道交通运营任务的重要组成部分，也是反映城市轨道交通服务质量的主要因素。

1. 客运服务基本要求

1）服务组织应以安全、准时、便捷、舒适、文明为目标，为乘客提供持续改进的服务。

2）服务组织应为乘客提供符合服务规范的服务设施、候车环境和乘车环境。

3）服务组织应为乘客提供规范、有效、及时的信息。在非正常运营状态下，应为乘客提供必要的指导信息。

4）服务组织应向残障等特殊乘客提供相应的服务。

5）为乘客提供的公益或商业服务应以方便乘客、提高服务质量为原则，保证客运服务质量不受影响。

2. 客运服务质量

根据《城市轨道交通客运服务》（GB/T 22486—2008），服务质量包括票务服务、行车服务、导乘服务、服务用语、服务行为、问询服务、特殊服务、应急服务及服务承诺与监督等。

（1）票务服务　城市轨道交通票务服务是客运服务的重要内容，具体包括：

1）售票机或其附近应有醒目、明确的车票种类、票价、售票方式、车票有效期等信息，方便乘客购票。

2）自动售票机、充值设备上或自动售票机和充值设备附近应有醒目、明确、详尽的操作说明。

3）人工售票、充值或售卡过程中，售票员应唱收唱付，做到准确、规范。

4）对符合免费乘车规定，并持有效乘车证件的乘客，应验证后准乘。

5）自动检（验）票机或其附近应有相应的标志或图示，方便乘客检（验）票。

6）在特殊情况下，应及时采取有效措施，为乘客进行必要的票务处理。

（2）行车服务　城市轨道交通行车服务主要涉及列车运行方面，主要有：

1）城市轨道交通的运营时间应根据当地居民的出行规律及其变化来确定和调整，调整前应及时公示。

2）应根据列车运行图组织列车运行，并可根据客流变化等情况合理调整列车运行；对乘客有影响时，应及时公布。

3）列车行驶应平稳，到站后应适时开关车门。

4）列车运行发生故障时，应视情况采取救援、清客、继续运行到目的地等处理措施。

（3）服务用语与服务行为　城市轨道交通服务用语和服务行为主要包括：

1）服务语言应使用普通话，问询、播音宜提供英语服务。

2）服务用语应表达规范、准确、清晰、文明、礼貌。

3）服务人员应按规定着装，正确佩戴服务标志。

4）服务人员应坚守岗位，严格遵守规章制度。

5）服务人员应做到精神饱满、端庄大方、举止文明、动作规范。

3. 客运服务指标

城市轨道交通企业客运服务指标有正点率、列车运行图兑现率等，具体如下：

（1）正点率　正点率是指正点列车次数与全部开行列车次数之比，用以表示运营列车按规定时间正点运行的程度。

（2）列车运行图兑现率　列车运行图兑现率是指实际开行列车数与运行图定开行列车之比，实际开行的列车中不包括临时加开的列车数。

（3）列车拥挤度　列车拥挤度是指线路高峰小时平均断面客运量与线路实际运输能力之比，列车按定员计算，用以表示列车的拥挤程度。

（4）有效乘客投诉率与有效乘客投诉回复率　前者是指有效乘客投诉次数与客运量之比，后者是已经回复的有效乘客投诉次数与有效乘客投诉次数之比。

（5）服务设施的可靠度　依据相关要求，城市轨道交通行业一年内服务设施的可靠度应满足下列要求：

1）售票机可靠度应大于或等于98%。

2）储值卡充值机可靠度应大于或等于98%。

3）进出站闸机可靠度应大于或等于99%。

4）自动扶梯可靠度应大于或等于98.5%。

5）垂直电梯可靠度应大于或等于99%。

6）车站乘客信息系统可靠度应大于或等于98%。

7）列车乘客信息系统可靠度应大于或等于98%。

8）列车服务可靠度应大于50万车公里。

任务四　城市轨道交通票务管理的认知

任务目标

1. 熟悉城市轨道交通自动售检票系统。
2. 熟悉城市轨道交通票务管理的内容。

票务管理是城市轨道交通企业运营管理的重要组成部分，做好票务工作对企业的平稳发展意义深远。城市轨道交通企业票务管理主要包括车站现金管理、票据台账管理、票款结算交接管理、车票管理及票务备品管理等。

一、自动售检票系统

自动售检票（Automatic Fare Collection，AFC）系统是基于计算机、通信、网络、自动控制等技术，实现轨道交通售票、检票、计费、收费、统计、清分、管理等全过程的自动化系统。城市轨道交通自动售检票系统由清分结算系统、线路中央计算机系统、车站计算机系统、车站终端设备和车票五部分组成，如图 7-7 所示。

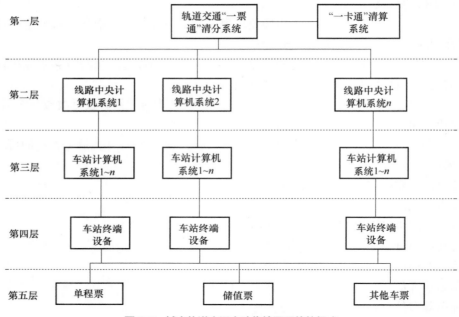

图 7-7 城市轨道交通自动售检票系统的组成

1. 清分结算系统

城市轨道交通清分结算系统负责不同收费系统之间的账务清分、结算。从现实情形来看，轨道交通"一票通"清分系统负责城市轨道交通一卡通车票（储值票）的发行与管理，一卡通车票可在该城市轨道交通所有线路中使用。由轨道交通"一票通"清分系统对单程票、储值票等交易数据进行采集和票务清分，并对线路自动售检票系统进行运营管理。

2. 线路中央计算机系统

线路中央计算机（Line Center Computer，LCC 或 LC）系统为线路级指挥中心，同时也是自动售检票系统的管理控制中心。由一组计算机组成的几个服务器和几个工作站共同完成服务器功能和系统运营管理的各项功能，主要包括中央主机（数据库服务器）、通信服务器、远程拨号服务器、中央工作站（监控、系统设置、数据库、网管工作站等），这些计算机通过HUB集线器和网卡相连接。

3. 车站计算机系统

车站计算机（Station Computer，SC）系统是管理车站级票务、运营、客流等的计算机系统，通常安装在车站的车控室内。车站计算机系统是一个统称，它包括车站操作员控制计算机（SOC）、车站网络控制计算机（SNC）、监视器、紧急控制系统、网络系统及不间断稳压电源系统。其主要功能是对车站终端设备进行状态监控。并收集本站产生的交易和审计数据，规定了系统的数据管理、运营管理及系统维护管理的技术要求。

4. 车站终端设备

车站终端设备安装在各车站的站厅，直接为乘客提供售检票服务的设备，规定了车站终端设备及其运营管理的技术要求，包括自动售票机、半自动售票机、自动检票机、自动充值机等。

5. 车票

车票用于记载乘客的出行和费用等信息，是乘坐轨道交通的有效票据或凭证。车票记载了乘客从购票开始，到完成一次完整旅行所需要和产生的费用、时间、乘车区间等信息。早期城市轨道交通一般采用纸票作为车票，但随着计算机、网络通信、电子、智能卡等技术的不断发展，先后出现了磁卡和IC卡。如今，车票媒介主要为非接触式IC卡。

二、票制与票价

1. 票制

票制是指票价制式，是指票价的不同组合形式，可分为单一票制、计程票制、混合票制和计时票制。

1）单一票制根据乘车次数进行计费，与实际乘坐的距离长短无关。

2）计程票制是指按照乘客实际乘坐距离长短计算票价的票制，分为里程计程和分段计程。里程计程的费率以每公里为单位；分段计程在把线网分成合理区段的基础上，费率采用递远递减的原则。

3）混合票制也称为分区域计程制，即将运营线路总长度分为若干个区域，根据票价计费标准，在各区域内采用统一票价。实际运营距离跨越一个或多个区域时，根据占用的区域数进行计费。

4）计时票制是指按照乘客在城市轨道交通系统中停留时间计费的票制。

2. 票价

地铁、轻轨等城市轨道交通系统作为城市公共交通组成部分，带有公益性质，不能单纯追求盈利，其票价不仅取决于本身运营成本，还受其他交通方式的票价水平、城市发展水平、市民生活水平、物价政策、企业交通补贴费用以及乘客承受力等多种因素的制约。

三、票务管理

城市轨道交通票务管理主要包括车站现金管理、票据台账管理和车票票务备品管理等。

1. 车站现金管理

城市轨道交通车站现金主要来源于备用金和票款。

备用金是由公司配发给车站，用于车站售票业务需求，包括与银行兑零、为乘客找零、为乘客兑零、自动售票机补币、票务员售票配备用金。票款，即票务收入，是指车站通过自动售票机、半自动售票机或临时票亭人工向乘客发售车票及办理票卡充值、更新等售票、补票业务中收取的现金。

车站备用金和票款收益作为城市轨道交通企业现金收益的重要组成部分，其安全性直接影响企业的收益安全。为保证车站现金安全，各城市轨道交通企业均有严格的管理规定。

2. 票据台账管理

城市轨道交通企业的票务工作纷繁复杂，每天都需要整理当天的票务工作，填写相应的报表。票务报表是记录车站现金交接、收益汇总、车票交接、发售、站存的原始台账，也是作为结算部门对票务员进行收益结算的原始依据，在车站票务工作中起着非常重要的作用。

车站票务报表种类较多，根据岗位不同，需要填写不同的报表。根据报表的填写可分为手工填写和计算机打印出来的报表，根据报表的性质可分为结算类报表、管理分析类报表、车站日常工作报表等类型。

（1）结算类报表　结算类报表是指在结算过程中产生的报表，该类报表完整地体现了结算过程中的所有资金及信息内容。主要有：

1）车站售卡、充值收费统计表，统计各站点收取现金及分类。

2）车站车费收入统计表，统计各站点出站检票机消费交易情况。

3）车站结算统计报表，各站点资金结算统计。

4）票卡存量表，各线路、站点的票卡存量。

（2）管理分析类报表　管理分析类报表是为了满足清分中心日常管理以及对路网运营情况进行分析而设置的报表。主要有：

1）车站票卡对账表，按车站统计票卡使用量及存量。

2）线路票卡存量表，按线路统计票卡使用量及存量。

3）公务卡使用统计表，精确到每一张公务卡的使用次数统计。

4）流量统计表，按站、按线统计出入口流量。

（3）车站日常工作报表　车站日常工作报表用于车站日常票务事务，较常见。主要有：《票务员日营收结算单》、《乘客票务事务处理单》、《车票退款记录表》、《钱箱清点报告》（即《TVM 日营收结算单》）、《车站营收日报表》。

3. 车票及票务备品管理

车票是票务收益的载体，用于记载乘客的出行和费用信息，是乘坐城市轨道交通的有效票据或凭证。因此车票需要妥善保管，以保证车票的安全，原则上车票只能存放于票务室、客服中心、临时售票亭、自动售票机、出站闸机等处。

城市轨道交通车站票务工作涉及面广、流程复杂、备品种类繁多，各种票务备品的申领、保管及使用，有严格的管理规定。城市轨道交通车站票务备品主要有票务钥匙和各种票务工具、器具。

四、车站售检票作业

城市轨道交通车站均设置有自动售票机、半自动售票机、自动检票机等售检票设备，乘客可以选择自动售检票设备自助完成购票、检票，但退票、补票等相关票务事务还需工作人员处理。

1. 车站售票作业

当前城市轨道交通车站发售普通单程票主要通过两种途径：一种是乘客借助自动售票机

自助购买；另一种是由车站工作人员借助半自动售票机发售，如图7-8所示。预制单程票、福利票等特殊单程票的发售一般通过客服中心或临时售票处人工发售。

图7-8　地铁车站售票设备

纸票一般是在人工售检票模式下发售，当前城市轨道交通车站均采用自动售检票模式，但特殊情况下也会发售纸票。人工售检票模式下，由车站客服中心工作人员向乘客人工出售纸票。

2. 车站检票作业

在自动售检票模式下，乘客进出站检票作业均由自动检票机完成（图7-9）。根据车票类型，大致分为储值票和单程票进出站检票。对进站检票来说，储值票和单程票的操作完全相同；对出站检票而言，储值票刷卡出站，单程票则需投入出站闸机回收循环使用。

图7-9　进出站自动检票机

在人工售检票模式下，由人工发售车票，并在进出口设置检票点，持票乘客经工作人员检票后进站、出站。具体检票方式分为进站检票、出站检票和进出站均检三种。

任务五 城市轨道交通安全管理的认知

任务目标

熟悉城市轨道交通安全管理的意义及内容。

知识课堂

城市轨道交通是城市公共交通系统的骨干，是城市综合交通体系的重要组成部分，其安全运行对保障人民群众生命财产安全、维护社会安全稳定具有重要意义。城市轨道交通车站大多位于地下，人员和设备高度集中。在这种特殊环境中，一旦发生较大的安全事故，不仅对运行设备本身，而且对人员的生命和财产安全都会构成巨大的威胁，并造成极大的社会影响。

一、城市轨道交通安全影响因素

城市轨道交通系统是一个庞大复杂、在时间和空间上开放的动态系统，运营安全影响因素错综复杂，涉及面广。从系统论的观点出发，与运营安全有关的因素可划分为人、机器、环境及管理四类，这些因素形成一个较大的动态系统，影响着城市轨道交通的安全。

1. 从业人员

城市轨道交通设备设施的检修维护和管理都离不开从业人员，从业人员的素质直接关系到城市轨道交通的安全性。从业人员方面的主要影响因素包括业务素质、安全意识、安全教育和培训、敬业精神及安全操作等。

2. 设备设施

城市轨道交通系统包含大量的设备设施，系统中任意一部分设备设施出现故障，都可能造成重大的安全事故。设备设施主要来自车辆、线路与轨道结构、电气系统、通信信号系统等。

3. 环境因素

环境因素有自然灾害、人为因素及外部因素等。自然灾害是指给人类生存带来危害或损害人类生活环境的自然现象，包括水灾、地震、雷电等气象灾害；人为因素主要指乘客、沿线居民等对城市轨道交通安全的影响；外部因素主要指停电、火灾、恐怖袭击等不可预测和控制的因素。

4. 运营管理

城市轨道交通运营管理是对安全运营进行的计划、组织、指挥、协调和控制，以保证城市轨道交通系统良性运行、促进企业管理、改善提高管理效率为根本目的。运营管理是城市轨道交通运营安全的主要保障，与其他影响安全的因素密切联系、相互影响。城市轨道交通运营管理方面的主要影响因素包括安全检查、安全责任制、人员配备、安全预防和保障、应急体系、维修工作及调度工作。

二、危险源

危险源是指可能导致人身伤害或疾病、财产损失、工作环境破坏或这些情况的根源、状态或行为，或其组合。危险源包括职业危险因素和职业危害因素两方面。

1. 危险源的分类

根据危险源在事故发生发展过程中的作用，危险源分为第一类危险源和第二类危险源。

（1）第一类危险源　根据能量意外释放理论，能量或危险物质的意外释放是伤亡事故发生的物理本质。能量包括电能、机械能、声能、辐射能。有害物质包括有毒物质、腐蚀物质、工业粉尘、窒息气体等。当有害物质直接与人体接触，会损害人体生理机能，导致疾病甚至死亡。

（2）第二类危险源　第二类危险源主要是指造成能量和危险物质失控的各种因素，包括设备故障、人员操作失误、管理缺陷和环境缺陷。正常情况下，施工过程中能量或危险物质受到约束或限制，不会发生意外释放，即不会发生事故。一旦这些约束或限制受到破坏或失效，将发生事故。

2. 危险源的辨识

危险源辨识的目的是通过对系统的分析，界定出系统中的哪些部分和区域是危险源，查明其危险的性质、危害程度、存在状况、危险源能量与物质转化为事故的转化过程规律、转化的条件、触发因素等，以便有效地控制能量和物质的转化，使危险源不致转化为事故。

危险源识别的基本方法有：询问与交换、现场观察、查阅有关记录、获取外部信息、工作任务分析、安全检查表、作业条件的危险性分析、事故树、故障树等分析方法。

3. 风险控制

风险是指发生特定危险事件的可能性与后果的结合，为可能性与严重程度的乘积。风险是主观判断，而危险源是客观存在。风险控制措施详见表 7-1。

表 7-1　风险控制措施

风险级别		风险控制措施
代号	名称	
1	不可容许风险	只有当风险已消除，才能开始或继续工作。即便经无限的资源投入也不能降低风险，就必须禁止工作
2	重大风险	直至风险降低后才能开始工作，为降低风险，有时必须配给大量的资源，当风险涉及正在进行中的工作时，就应采取应急措施，应制订目标和管理方案
3	中度风险	应努力采取措施降低风险，但应仔细测定并限定预防成本，应在规定时间内实施风险减少措施，如条件不具备，可考虑长远措施和当前简易控制措施。在中度风险与严重伤害后果相关的场合，必须进一步评价，更准确地确定伤害的可能性，确定是否需要改进控制措施，是否需要制订目标和管理方案
4	可容许风险	可保持现有措施，即不需要另外的控制措施，但应考虑投资效果更佳的解决方案，可不增加额外的成本的改进措施，需要检测来确保控制措施得以维持
5	可忽视风险	不需采取措施且不必保留文件记录

三、职业病危害

职业病是指用人单位的劳动者在职业活动中，因接触粉尘、放射性物质和其他有毒、有害物质等因素而引起的疾病，属人为的疾病。在劳动过程中，有三个方面的原因容易引起职业病：一是用人单位设立或提供的作业场所不符合职业卫生要求，产生了职业病危害因素；二是用人单位或劳动者设置的作业方式不合理、不健康；三是劳动者缺乏自我保护意识或行为，不懂得个人防护和自我健康保护。

城市轨道交通企业运营生产一线岗位主要存在的职业病危害因素见表7-2。

表7-2　运营生产一线岗位主要职业病危害因素

岗　位	主要职业病危害因素
车辆检修岗位	粉尘、噪声、化学毒物、射频辐射
工建维修岗位	粉尘、噪声
通信信号维修岗位	工频电磁场
机电岗位	噪声、工频电磁辐射
自动化维修岗位	噪声、工频电磁辐射、油漆
供电维修岗位	粉尘、噪声、工频电磁辐射
中心站、车站岗位	射频辐射、工频辐射
乘务岗位	粉尘、噪声、射频辐射、工频电磁辐射
调度中心岗位	工频电磁辐射

任务六　城市轨道交通运营管理规章制度的认知

任务目标

了解城市轨道交通运营管理规章制度

知识课堂

城市轨道交通作为大容量的公共交通工具，直接关系到广大乘客的生命安全。为规范城市轨道交通运营管理，保障运营安全，提高服务质量，促进城市轨道交通行业健康发展，近些年从国家、地方到城市轨道交通企业陆续出台了一些城市轨道交通运营管理方面的法律法规和规章制度。

一、相关法律法规

法律位于安全生产法律体系中的最高层级，其地位和效力高于法规、规章制度。法规分为行政法规和地方性法规，行政法规的地位和效力高于地方性法规，法规的地位和效力高于规章。

目前与城市轨道交通运营管理相关的法律法规主要有《中华人民共和国安全生产法》《中华人民共和国突发事件应对法》《生产安全事故报告和调查处理条例》《国家突发公共事件总体应急预案》等。

1.《中华人民共和国安全生产法》

《中华人民共和国安全生产法》于 2002 年 6 月 29 日经中华人民共和国第九届全国人民代表大会常务委员会第二十八次会议审议通过，自 2002 年 11 月 1 日起施行。2014 年 8 月 31 日第十二届全国人民代表大会常务委员会第十次会议通过全国人民代表大会常务委员会关于修改的决定，自 2014 年 12 月 1 日起施行。

《中华人民共和国安全生产法》主要内容包括总则、生产经营单位的安全生产保障、从业人员的安全生产权利义务、安全生产的监督管理、生产安全事故的应急救援与调查处理、法律责任和附则七部分。

2.《中华人民共和国突发事件应对法》

《中华人民共和国突发事件应对法》于 2007 年 8 月 30 日经中华人民共和国第十届全国人民代表大会常务委员会第二十九次会议审议通过，自 2007 年 11 月 1 日起施行。

《中华人民共和国突发事件应对法》主要内容包括总则、预防与应急准备、监测与预警、应急处置与救援、事后恢复与重建、法律责任和附则七部分。

3.《生产安全事故报告和调查处理条例》

为规范生产安全事故的报告和调查处理，落实生产安全事故责任追究制度，防止和减少生产安全事故，2007 年 3 月 28 日经国务院第 172 次常务会议通过，自 2007 年 6 月 1 日起施行，条例共六章四十六条。

4.《国家突发公共事件总体应急预案》

2005 年 1 月 26 日，国务院第 79 次常务会议通过了《国家突发公共事件总体应急预案》，于 2006 年 1 月 8 日发布并实施。《国家突发公共事件总体应急预案》是全国应急预案体系的总纲，明确了各类突发公共事件分级分类和预案框架体系，规定了国务院应对特别重大突发公共事件的组织体系、工作机制等内容，是指导预防和处置各类突发公共事件的规范性文件。

二、国家层面规章制度

规章分为部门规章和地方政府规章，部门规章是国务院有关部门依照相关法律法规的授权制定发布，其法律地位与效力低于法律、行政法规，高于地方政府规章。

1.《国家城市轨道交通运营突发事件应急预案》

该应急预案自 2015 年 4 月 30 日起实施，由总则、组织指挥体系、监测预警和信息报告、应急响应、后期处置、保障措施和附则七部分组成。将运营突发事件分为特别重大、重大、较大和一般四级。事件分级标准如下：

（1）特别重大运营突发事件　造成 30 人以上死亡，或者 100 人以上重伤，或者直接经济损失 1 亿元以上的。

（2）重大运营突发事件　造成 10 人以上 30 人以下死亡，或者 50 人以上 100 人以下重伤，或者直接经济损失 5000 万元以上 1 亿元以下，或者连续中断行车 24h 以上的。

（3）较大运营突发事件　造成 3 人以上 10 人以下死亡，或者 10 人以上 50 人以下重伤，或者直接经济损失 1000 万元以上 5000 万元以下，或者连续中断行车 6h 以上 24h 以下的。

（4）一般运营突发事件　造成 3 人以下死亡，或者 10 人以下重伤，或者直接经济损失 50 万元以上 1000 万元以下，或者连续中断行车 2h 以上 6h 以下的。

 小提示

上述分级标准有关数量的表述中，"以上"含本数，"以下"不含本数。

根据运营突发事件的严重程度和发展态势，将应急响应设定为Ⅰ级、Ⅱ级、Ⅲ级、Ⅳ级四个等级。初判发生特别重大、重大运营突发事件时，分别启动Ⅰ级、Ⅱ级应急响应，由事发地省级人民政府负责应对工作；初判发生较大、一般运营突发事件时，分别启动Ⅲ级、Ⅳ级应急响应，由事发地城市人民政府负责应对工作。对跨城市运营的城市轨道交通线路，有关城市人民政府在建立跨区域运营突发事件应急合作机制时应明确各级应急响应的责任主体。

2.《城市轨道交通运营管理规定》

该规定自 2018 年 7 月 1 日起施行，分为总则、运营基础要求、运营服务、安全支持保障、应急处置、法律责任和附则共计七章五十六条。规定了禁止采取损坏城市轨道交通运营设施设备安全的相关行为；在应急处置方面，要求运营单位按照有关法规要求建立运营突发事件应急预案体系，制订综合应急预案、专项应急预案和现场处置方案，并定期组织运营突发事件应急演练。

规定要求运营单位加强城市轨道交通客流监测。可能发生大客流时，应当按照预案要求及时增加运力进行疏导；大客流可能影响运营安全时，运营单位可以采取限流、封站、甩站等措施。

3.《城市轨道交通客运服务》

《城市轨道交通客运服务》（GB/T 22486—2008），自 2009 年 5 月 1 日起实施，主要内容有总则、服务质量、服务设施、服务安全和服务环境。

4.《城市轨道交通运营管理规范》

该规范为国家标准（GB/T 30012—2013），自 2014 年 4 月 1 日起实施，规定了城市轨道交通运营的总体要求以及行车组织、客运组织、车辆及车辆基地管理、设施设备管理、土建设施管理、人员管理和安全管理等方面的基本要求，详见表 7-3。

表 7-3　《城市轨道交通运营管理规范》主要内容

项　　目	主　要　内　容
行车组织	1. 行车组织应实行集中管理、统一指挥、逐级负责，行车组织工作应实行 24h 工作制 2. 运营单位应制订正常情况、非正常情况和应急情况下的行车组织方案，制订行车组织规则及细则 3. 城市轨道交通列车正常情况下应按双线单向组织运行 4. 运营单位应对列车运行速度进行规定，并按规定的速度组织列车运行，不得超过允许的最高运行速度 5. 行车时间以北京时间为准，从零时起计算，实行 24h 制

（续）

项　　目	主　要　内　容
列车运行调度	1. 运营单位根据具体情况设立一个或多个运营控制中心，承担日常运营调度指挥工作，并合理设置相关岗位，制订各岗位工作计划和流程 2. 运营单位应根据线路设计运能、客流需求和设备技术条件，编制列车运行图，明确开行列车数、首末班车时间、区间运行时间、列车停站时间等，及时调整和优化列车运行图 3. 列车运行调度的管理层次分为一级和二级两个指挥层级，二级服从一级指挥；一级指挥为运营控制中心值班主任、行车调度员、电力调度员、环控调度员和维修调度员等；二级指挥为行车值班员、车辆基地调度员等。各岗位人员根据职责开展工作，并服从运营控制中心值班主任协调和指挥
车站行车组织	1. 运营单位应制定车站行车工作细则，包括车站技术设备的使用、管理，接发列车、调车以及与行车有关的客运组织工作，技术作业程序和作业时间等 2. 车站实行层级负责制，分为站长、值班站长、行车值班员、车站客运服务人员。站长代表运营单位在车站行使属地管理权，值班站长服从站长领导，行车值班员服从值班站长领导。车站应设置售票、站厅巡视、站台巡视等客运服务岗位 3. 列车停站时间超过规定时间时，车站行车值班员应向行车调度员报告 4. 列车到站进行折返作业时，列车司机应按车站行车工作细则作业 5. 信号系统出现故障的情况下，车站可根据行车调度员的命令，准备列车进路，办理接发列车手续
车辆基地行车组织	1. 车辆基地行车由车辆基地调度员统一指挥，并由其负责车辆基地日常运营和设备维修组织等工作。基地其他工作人员应服从基地调度员的指挥，各司其职 2. 车辆基地调度员应按车辆基地管理制度和调车作业规程办理作业 3. 车辆基地作业应优先接发列车；接发列车时，应提前停止影响接发列车进路的调车作业；发车时应按规定时间提前开放发车信号
列车驾驶	1. 列车司机负责正线、辅助线和车辆基地内列车驾驶，应安全、正点完成驾驶作业任务 2. 列车司机应根据列车运行图，严格执行调度命令，按信号显示要求行车，严禁臆测行车 3. 列车司机应熟悉正线、辅助线和车辆基地线路、信号、股道、道岔状况和限速规定 4. 列车司机在出勤前，应抄写调度命令、值乘计划及当日行车安全注意事项；出勤前应充分休息，严禁饮酒或服用影响精神状态的药物；出勤时按规定着装，携带驾驶证、列车司机日志、手电筒等行车必备物品
客运组织	1. 运营单位应制定服务质量管理、票务管理等客运服务制度，根据列车运行图、车站设施设备和人员情况等编制客运组织方案 2. 运营单位应确保全天运营时间不少于15h，确保客运服务设施完好、标志标识明显 3. 运营单位根据车站客流情况，做好客流组织工作，加强巡查管理；采用多种宣传形式，向乘客宣传客运服务有关事项和安全知识 4. 运营单位应在车站入口处张贴禁止携带易燃易爆化学危险品进站乘车的警告标志。如发现应及时进行处理，必要时向有关部门报告
客运服务	1. 车站客运服务范围有：维护车站秩序，组织乘客有序乘降；提供售票、检票、充值、退票、补票等票务服务；处理乘客投诉、乘客纠纷，回答乘客咨询；提供无障碍乘车服务 2. 运营单位应加强服务管理，改进和提高客运服务质量 3. 运营单位应制定明确的客运服务标准，为乘客提供符合规范的服务设施、候车环境和乘车环境 4. 运营单位应加强服务质量考核与管理，完善考核管理制度，定期开展考核工作。应在显著位置公布监督投诉电话，设置受理和处理乘客投诉的专职机构和人员。接到乘客投诉后，应在24h内处理，7个工作日内处理完毕，并将处理结果告知乘客

（续）

项　　目	主　要　内　容
安全管理	1. 运营单位应设置安全管理机构，保证安全生产条件所必需的资金投入，配备专职的安全生产管理人员，建立健全安全生产责任制，加强从业人员劳动保护 2. 运营单位应针对人员、设施设备、环境和管理等运营安全风险，建立重大安全隐患源台账，制定安全隐患源管理制度，定期开展安全隐患排查，发现事故隐患或其他不安全因素应及时报告 3. 运营单位应建立健全安全生产教育培训制度，认真开展安全教育培训工作，建立培训档案，做好培训记录 4. 运营单位应组织开展定期和不定期安全检查，发现各类安全问题，应制定整改措施，及时整改完成。加强城市轨道交通保护区的安全检查，做好保护区日常巡查及设施设备保护工作 5. 运营单位应建立专职兼职应急抢险队伍，配备专业器材设备，编制突发事件应急预案并定期进行演练

三、地方层面的规章制度

地方依据本地城市轨道交通具体情况也会制定相应的规章制度，如《北京市轨道交通运营安全条例》《天津市轨道交通管理规定》《上海市轨道交通管理条例》《广州市城市轨道交通管理条例》《深圳市城市轨道交通运营管理办法》《南昌市轨道交通条例》等。

四、企业层面的规章制度

企业层面的规章制度较广、内容细、操作性强，涉及行车组织、客运组织、票务管理、车站客运服务等方面，主要有《运营技术管理规程》《行车组织规则》《客运组织规则》《票务管理规章》《车站服务工作通用标准》等。

复习与思考

1. 简述城市轨道交通车站主要岗位及职责。
2. 简述城市轨道交通列车运行图的作用及组成。
3. 简述城市轨道交通客流调查方法。
4. 简述城市轨道交通自动售检票系统的构成。
5. 简述城市轨道交通危险源的辨识、职业病的危害因素及预防。

参 考 文 献

〔1〕王明生.城市轨道交通概论〔M〕.北京：人民交通出版社，2012.

〔2〕阎国强，仇海兵.城市轨道交通概论〔M〕.2版.北京：人民交通出版社，2012.

〔3〕王军峰.城市轨道交通概论〔M〕.青岛：中国石油大学出版社，2015.

〔4〕李建国.城市轨道交通系统概论〔M〕.3版.北京：机械工业出版社，2019.

〔5〕汪武芽.城市轨道交通概论〔M〕.北京：中国建材工业出版社，2016.

〔6〕曲秋蒔，许波.城市轨道交通车站设备〔M〕.北京：人民交通出版社股份有限公司，2016.

〔7〕史富强，祁国俊.城市轨道交通车辆构造〔M〕.重庆：重庆大学出版社，2013.

〔8〕张莹，陶艳.城市轨道交通供电技术〔M〕.北京：人民交通出版社，2010.

〔9〕贾毓杰.城市轨道交通通信与信号〔M〕.2版.北京：机械工业出版社，2014.

〔10〕操杰，陈锦生.城市轨道交通车站行车工作〔M〕.北京：人民交通出版社股份有限公司，2016.